知的生きかた文庫

定年後
自分らしく働く41の方法

髙橋伸典

三立書房

はじめに

定年後は「人生を楽しむ」ために働く！

この本を手に取っていただき、有難うございます。

あなたは今、定年後の働き方、生き方に何かしら不安や希望をお持ちなのだと思います。ちょうど8年前の私の姿と重なります。

私は大学の研究者でもなく、起業で成功している実業家でもありません。新卒で入社して以来、一つの会社に勤務し続け、**57歳の時に会社都合で早期退職**をした、ごく普通の元サラリーマンです。

定年目前に深く考えもせずに、見切り発車で退職した私は、その後、大変な苦労を味わいました。

しかし再就職、再雇用、副業などを経た後、「**リスクが伴わない独立**」方法を見つけたことで、**今は本当に自分らしく、楽しい働き方**ができるようになりました。

お陰様でその定年活動がいろいろな方の目に留まり、テレビ、ラジオなどのメディアにも出演させていただきました。また、有難いことに、その経験を本にまとめて出版することもできたのです。サラリーマン時代には想像すらしなかったことです。

そして今、私はセカンドキャリアコンサルタントとして、「定年後の人生を充実させたい」と願うみなさまのお手伝いをさせていただいています。

この本には、普通のサラリーマンが試行錯誤の末に掴んだ「定年後の楽しく充実した働き方」――**「幸せなセカンドキャリアの築き方」**が書かれているのです。

私は、日頃、セミナーや研修の講師をさせていただく関係から、50歳以上の方々との数多くの出会いがあります。当然、取材やインタビューをさせていただく機会も豊富で、これまで**現場の「生の声」**をふんだんに集めてきました。

本書には、私の経験だけでなく、そうした数多くの方たちの実体験、そこから得られた知見がすべて盛り込まれています。

単に、定年活動を行なう方たちにエールを送るだけの本ではありません。

「今、何をすればいいのか」「今後、どう行動すればいいのか」といった具体的な情報が詰まった**「現場主義」**の本なのです。

みなさんは今、様々な働き方をされていることでしょう。

正社員の方、定年後に再雇用で同じ会社に勤務している方、定年をきっかけとして再就職された方、あるいは独立して自分の道を歩んでいる方、また社会貢献活動をされている方、ご自身のやりたいことに取り組んでいる方……**定年後の働き方は「百人百様」**だと思います。

「どの仕事がよく、どの仕事がよくない」と言えるものではありません。みなさん、それぞれの事情があって働いているわけで、人がとやかく言うことではないのです。

ただ、定年前までは、生活のため、子どもの学費のため、住宅ローンなどのためと、何かと我慢を強いられてきたことも事実ではないでしょうか。自分がやりたかったこと、チャレンジしてみたかったことを後回しにしてきた人が大半でしょう。

だからこそ、その足かせが外れる定年後からは、本来の自分を取り戻して、自分らしい生き方、自分らしい働き方をしていただきたいと思います。

これからを「人生の後半戦」とすると、**その後半戦を最高に楽しんでもらいたい**と思うのです。

『定年後　自分らしく働く41の方法』という本書のタイトルを見て、「今まで一生懸命働いてきたのに、まだ働くのか」と思われる方がいらっしゃるかもしれません。

でも、「人生後半戦の働き方」は今までとはまったく違います。

「生活のために働く」から、「自分のために働く」に切り替わるのです。

時代も変わってきました。組織で動く時代から、個人でいろいろなことができる世の中になってきたのです。「できる」「できない」の判断は個人の考えにゆだねられ、今後、ますますボーダレスの世の中になるに違いありません。

定年後を充実させるチャンスは、いくらでもあるということです。

これからは、「働くこと」と「生活すること」は同意語として考えるのがいいと思います。働くことは「**人生を楽しむために行なうもの**」と再定義してみるのです。

「働くことで身体が元気になり、人との交流もでき、孤独の防止にもなり、生きているのが楽しくなる」……そう考えると、何だかワクワクしてきませんか？

この本ではそうなるためのヒントが満載です。


ここで本書の内容を簡単に紹介しましょう。

1章では、「定年後に輝く人たち」の事例を取り上げ、成功例に学んでいきます。

2章では、様々な働き方を取り上げながら、「自分らしい幸せな働き方」を見つけるヒントを提案します。

3章では、「自分に合う仕事とはどういうものか」を考えていただきます。

4章では、私が大手求人サイト企業と共同開発した「キャリア棚卸&発見シート」を使って、「自分の本当の強み」「自分の本当の適職」を明らかにします。

5章では、「働く不安が希望に変わる考え方」を、6章では、「定年後に有効なマインドチェンジ」を、7章では、「セカンドキャリアをさらに充実させる魔法の考え方」を紹介します。

巻末付録には、「シニアの強み100選」「シニアの仕事100選」を掲載しました。

これからは自分らしく働いて「人生後半戦を最高に楽しむ!」——みなさんにそう思っていただけるように、**本書で私がお手伝い**をさせていただきます。

この本をきっかけに、みなさんのセカンドキャリアがますます充実し、本当に楽しい人生が始まることを、心から願っております。

髙橋伸典

Contents

2章

自分らしい「幸せな働き方」を考えてみよう

3章

そもそも「あなたに合う仕事」って何?

4章 「キャリア棚卸&発見シート」で本当の適職が見つかる

5章
「働く不安」が「希望」に変わる考え方

6章
定年後は、この「マインドチェンジ」が武器になる

7章 セカンドキャリアをさらに充実させるために

巻末付録

イラスト　かざまりさ
本文DTP　佐藤正人

1
章

「定年後に輝く人たち」の成功例に学ぶ

0

事例

定年後の働き方を「疑似体験」してみよう!

定年後の働き方は人によって様々です。自分の考え方や置かれている環境が違うように、働き方も一人ひとり異なります。他人が決めるものでもありません。

つまり、**定年後の働き方に「正解、不正解はない」**のです。

自分が選んだ仕事が良かったと判断できるのは本人だけです。周りの人が「いい仕事だから、これを選んだほうがいいよ」と言っても、本人からするとしっくりこないかもしれません。反対に、人から見て向いていないと思える仕事でも、働いてみると案外楽しく、自分に合っていると思うかもしれません。

では、どうしたらいいのかと言えば、ご縁があるところで実際に働いて判断することです。とはいえ、一人で経験できる仕事の数には限りがあります。何人もの人生を生きることができないのと同じです。

それでは、人の経験から学ぶのはどうでしょうか。たとえば、「映画を観る」ことです。

映画には、約2時間という短い時間の中に、他人の人生が凝縮されています。つまり、映画を観ることで、他人の人生を「疑似体験」できるわけです。

同じことが「事例」にも言えます。事例とは、**人が実際に経験し、体を張って学んできた「生きた知恵」**が、コンパクトにまとめられたものです。

「論より証拠」と言うように、**事例ほどリアルで説得力があるものはありません**。

そうした意図から、1章では定年後に輝く先輩たちの「事例」を8つ紹介します。先輩たちが、定年前にどのように考え、どのように行動し、どのような苦労を経て、自分らしい働き方を勝ち得たのか――そのすべてを臨場感をもってお伝えします。

再就職、再雇用、独立、ボランティアなどなど、数々の働き方が登場します。そこには、数えきれないほどの学びがあります。ぜひ、それを「自分ならこのようにする」「今後の判断基準になるな」というように、自分に置き換えて読んでみてください。

50代の方には、**今後の人生の羅針盤**になるかもしれません。60代の方には、事例にちりばめられたヒントが**即効薬になる**に違いありません。さっそく活用してみてください。60代、70代になっても、多くの方が自分らしく働き、人生を歩んでいます。

あなたは8つのどの事例に共感するでしょうか？　さっそく体験してみましょう。

事例1 企業の「人事マン」から、給食の「調理員」へ……【やりたいこと】

新卒から定年まで一つの会社で働いた後、再就職する方が今後増えると思います。他の会社で働いた経験がないので、最初は戸惑うかもしれません。「再就職先が見つかるだろうか？」「再就職先で楽しく働けるだろうか？」様々なことが頭の中を去来することでしょう。1つめの事例で紹介する小林正樹（62歳・仮名）さんもそう思った一人です。当初は大変なこともありましたが、次第に明るい未来が見えてきました。まさにドラマです。その結末とは？

◎製薬会社を早期退職後、人事分野で再就職

小林さんは新卒から製薬会社に入社し、30年間1つの会社で働いてきました。営業、マーケティング部門、人事を経験し、54歳の時に会社都合で早期退職をしました。「まだまだこれからだ！」と早期退職後、すぐに再就職の道を模索。さっそく人材紹

介会社に登録しました。前職では人事部門での仕事経験が長かったこともあり、人事部門の仕事を探すことにしたのです。

再就職活動はすぐには上手くいかなかったものの、何とか70社目で中小企業の建設会社に就職することが決まり、人事部で若手の教育を任されることになりました。

◎ストレスフルな再就職先で悩みが募る毎日

再就職した会社は、社長の権限が強く、社員の意見が通りにくい環境でした。

小林さんが以前いた会社は、制度も充実していて経営者と社員が共に歩んでいく風土であったことから、「もっと社員のことを考えたほうがいいのではないか」と改善案を上司に提案したのです。

しかし、小林さんの提案が受け入れられることはありませんでした。機会を見て何度か提案を試みてみたものの、かえって上司の反感を買うことになったのです。

「どうしてこんなことになってしまったのか……」

ストレスを抱えながら悶々《もんもん》と日々を過ごすうちに、小林さんは誕生日を迎え59歳になりました。年齢を重ねたことで、「こんな形で会社人生を終えるのは嫌だ」「時間のムダだ」という気持ちが湧き起こってきたのです。

◎仕事探しの軸を見直し、転職することを決意

もともと小林さんは再就職で会社を探す時の基準を「人事部門」「処遇」としていましたが、じつはそれが間違っていたのではないかと思い始めました。その2つの基準を優先しすぎたあまり、仕事で大切な**「やりがい」「楽しさ」を犠牲にしてしまったのではないか**と思えてきたのです。

そしてついに、「転職」を決意することになりました。「転職はこれを最後にしよう」と心に決めて、「自分がやりたいこと」、または「やってもいいこと」を基準に仕事を探すことにしたのです。

◎過去を振り返って見つけた〝本当にやりたいこと〟

小林さんはやりたい仕事についてじっくり考えるうちに、ある記憶が甦りました。

「そういえば学生時代に、デパートの食堂でアルバイトをしていたな」

食堂でアルバイトをしていた理由は、小さい頃に家族と一緒にデパートに出かけて、

その食堂に行くことが大好きだったから。そして、次第にもう一度そこで働いてみたいと思うようになったのです。

「そうか！　自分は食に関する仕事なら、何より楽しく働けるかもしれない」

そう考えた小林さんは、次の転職活動では「給食や食堂の調理員」を第一候補にして、それ以外に、掃除や園芸関係の仕事も選択肢の1つに決めました。

当初とはまったく異なる条件を軸に、募集案件を探すようになったのです。

◎前回より難航した2度目の再就職活動。その結果……

そこから2回目の再就職活動をスタートさせました。今回は人材紹介会社以外に、ハローワーク、東京しごとセンターなど、利用する斡旋機関も増やしました。

ところが、2回目の再就職活動は1回目よりもさらに難航します。160件以上応募しましたが、おおかたは書類選考で落とされてしまいました。数件面接まで進んだものの、それも不合格。

しかし、小林さんは諦めませんでした。その思いが実り、178社目で声がかかり、面接の末に合格を勝ち取ります。それも最も希望していた学校給食の調理員関係の仕事でした。「こんなこともあるんだ」と感慨もひとしおでしたが、採用担当者に会って採用された理由を聞くと、意外な事実が発覚しました。

◎担当者の話で判明した採用の経緯

「小林さん、じつは書類選考では不合格でした。応募していた『調理員』では年齢のこともあり、お断りするつもりでした」

採用担当者からそう告げられ、小林さんは一瞬、耳を疑いました。

「ただ、**職務経歴書に人事部門でのご経験が詳細に書かれていて、その内容が我々にとって魅力的**なご経験だったので、その職種で採用することにしたのです」

「それはエリアにある学校での給食調理員の『マネジメント』です。もちろん最初は経験を積んでもらうために実際に現場で給食を作ってもらいます」

ことの真相を告げられ、小林さんは戸惑いました。小林さんにとってマネジメントは希望していた職種ではなかったからです。

しかし、すぐにこう思い直しました。「間接的に給食に関わっていけるし、しばらくは実際に給食を作ることができる。これはラッキーな流れだ」と。

◎念願の職場での仕事がスタート

そこから、まずは慣れない給食作りの仕事がスタートしました。慣れるまでは大変でしたが、なにせやりたい仕事ができるので、不満などまったくありません。

しかも職場の調理員、補助員の方々は様々な経験を積んだ人たちなので、話していて楽しいのです。

それに、シニアにとって得難いメリットもありました。給食を作る時は全身を動かすため、体力づくりができます。わざわざ、健康維持のために会費を払ってジムに通う必要もありません。

また、テキパキと時間通りに動いたり、グラム通りに計測したりと、つねに頭をフル稼働させせなければならないので、仕事自体が一種の認知症予防のようにも感じられました。

このように、小林さんは心から楽しめる仕事を見つけたことで、**前回の職場とは打って変わって本当に充実した毎日**を送れるようになりました。

そして、調理員の経験が1年半になった頃のことです。

小林さんは上司から呼び出され、職種の変更を打診されました。

「最初はエリアマネージャーの予定で話をしていましたが、別の人にやってもらうことになりました。小林さん、引き続き調理員の仕事をしてもらえませんか？」

本来、希望していた調理員をこのまま続けることができるようになったのですから、小林さんが断る理由はなにもありません。

小林さんは心の中で微笑みながら、「はい、それで構いません」と答えたそうです。

事実は小説より奇なりです。

自分の希望通りのスタートでなくても、そこに近いスタート地点に何とか立つことができれば、最後には目標を実現できることもあるのです。

まずは希望に近い環境に入り込むことが大切ですね。

◎小林さんの事例から学ぶこと

1、仕事探しは専門分野や処遇だけにこだわらず「好きなこと」も視野に入れる。
2、アピールポイントは職務経歴書に詳しく書いておく。

2 事例

「新聞記者」から「行政書士」に……【資格】

定年後の仕事に役立てようと「資格取得」を考える方は多くいます。「資格を持つことで仕事に有利に働く」という考えが浸透しているからです。一方で、「資格を取っても、仕事に直接役立つことはない」と思われる方もいるでしょう。

これはある意味どちらも正しいと言えます。ただ、定年後においては、**資格を取ることでいくつものメリットを享受できる**ことをご存じでしょうか？ 定年退職後に「行政書士」の資格を取られた、橋本節夫（69歳）さんの事例を見ながら、考えてみましょう。

◎新聞記者をしていた橋本さんの定年後

橋本さんは現役時代、新聞記者として働いてきました。60歳で定年を迎えてからは、65歳まで再雇用で働き、65歳で退職をされました。

現役時代は仕事一筋だった橋本さん。定年後のことは具体的には計画していなかったため、退職してから「さて、どうしようか」と考え始めたと言います。

現役時代は、つねに仕事が立て込んでいたこともあり、退職後しばらくは、忙しく動き回る必要のない解放感に浸っていました。

しかし、新聞記者で走り回っていた習慣からでしょうか、こうした状態は2週間ともたず、だんだんと退屈さを感じてきました。

「こんなことを続けていていいのだろうか。何だか面白くないな」

それもそのはず、現役時代に忙しい日々を送ってきた人ほど、**退職後は虚無感とも言える物足りない気持ちになりがち**だからです。

そこで、多くの方が「定年後は趣味を謳歌しよう」と考えるのと同じように、橋本さんも行動を起こしました。

橋本さんは、63歳の時「老後の趣味に」と始めたピアノを弾いてみたり、車好きが高じて買ったスポーツカーでドライブをしたり……。しかし、趣味だけでは心に空いた穴を埋められず、あることに気づきました。

「趣味は、食事にたとえれば〝前菜〟か〝デザート〟だったんだ。人生最後の食事にメインディッシュ（仕事）がないのは何て寂しいんだろう」

◎退職後まもなく、仕事探しをスタート

人生には仕事が必要だ——。そう気づいてからの橋本さんの行動は早いものでした。まずは、仕事を探しにハローワークを訪れました。

しかし、期待に反して希望する職種は見つかりません。かろうじて見つけた希望に近い職種に応募しても、年齢という高い壁が立ちはだかり全滅してしまったのです。

ただ、橋本さんはそこで諦めませんでした。希望の仕事がないならばと、地元の商工会議所が開催している「※創業塾」の門をたたきます。

※高齢者に向けて起業のノウハウを教え、サポートを行なう塾・セミナーは民間・行政問わず提供されています。現在、行政は高齢者の創業支援に力を入れているので、各自治体でも見つけることができます。

橋本さんはその塾の講師に、「橋本さんは新聞記者だったから、新聞記者が行政書士になるのも面白いのではないですか？」と促されました。

「講師の人がそう言われるのだから、やってみてもいいかもしれない」と考え始め、

思い立ったが吉日、さっそく帰りに書店に立ち寄って対策本を購入しました。

はじめはそこまで興味があったわけではありませんが、学び始めると案外面白く感じるものでした。その後は「1人でやるより学校で学ぼう」と思い立ち、週1で専門学校に通うことに決めました。

◎見事合格するも……よぎる将来への不安

そうした努力が実り、橋本さんは67歳で見事試験に合格しました。**半年後には行政書士事務所を開業**するまでこぎつけます。専門は「遺言書作成」と「相続業務」です。

しかし、なにしろはじめての経験ですから、すぐに仕事が殺到するわけではありません。すべてが手探り状態からのスタートでした。

「無事開業はできたものの、さて、これからどうなるんだろう」

先の見えない開業には大きな不安が頭をよぎりました。しかし、この後橋本さんは自身が選択した資格取得とセカンドキャリアに、思いがけない「メリット」を実感することになるのでした。

◎実感した3つのメリット

橋本さんは不安を抱えながら「行政書士事務所」を開業しましたが、当初はこれといった人脈もなく、まずは顧客獲得が急務となりました。

行政書士の世界は、住所にもとづき行政書士会の支部に所属するのが一般的であったため、橋本さんも事務所近くの支部に入ります。そこで知り合った先輩方から、必要な様々な知識を学びました。そしてシニアにとって行政書士の資格と業務には意外なメリットがあることを知ることになります。そのメリットとは次の3つです。

1つ目は、**会員にシニア世代が多い**ことです。

これは心強いものです。定年後に若い人の輪の中に入って教えを乞うことは、多少やりづらさを感じると思いますが、シニア同士であればそれほど抵抗はありません。

2つ目は、**現役時代の様々な経験が実務に役立つ**ということです。

長く会社に勤めて仕事をする中で、人は専門知識だけでなく、人間関係の機微など言葉にできないようなことも自然と学んできているものです。豊富な人生経験があることが、顧客獲得の際に役立ちます。特に、相続業務などは複雑な人間関係が絡んでくるので、まさにシニアの経験が相手の立場に寄り添う姿勢につながり、信頼関係の構築に役立つのです。

3つ目は、仕事を通じて、**話し合える仲間・友達ができる**ことです。

行政書士は専門性を持って長く続けられる仕事なので、特に意識せずとも継続的に人との関わりが持てます。定年後のシニアにあるリスクの中でも、「孤独」は深刻な問題です。じわじわとボディーブローのように心をむしばんでくるのです。

気づいた時は周りに誰もいなかった――。そんな状態を避けるためにも、友達ができやすい仕組みのある環境に身を置くことは大きな利点になります。

◎そして見つけた新たなやりがい

橋本さんは行政書士の仕事をご自身の柱としてこなす一方で、知人から勧められたことをきっかけに、「家庭裁判所の調停委員」も務めることになりました。

「この仕事も、双方の話を傾聴し解決策を見い出していくという点で、今までの人生経験が役立っています。人の役に立っているという実感があるので、やりがいがありますね」

仕事の楽しさを語る橋本さんの表情は、生き生きと輝いていました。

橋本さんのように、つねに前向きに考えて行動を起こすことで、先々の展開が生まれていきます。

定年後の仕事探しは、けっして容易な道ではなく、時に厳しく感じるかもしれません。それでも、前を向いて進み続けることで明るい未来が待っているのです。

◎橋本さんの事例から学ぶこと

1、退職後からの勉強でも遅くない。まずは行動が大切。

2、資格取得は仕事だけでなく仲間作りにも役立つ。

3、サラリーマン時代の経験は新たな仕事にも活かせる。

3 事例

「金融マン」から「僧侶」に……【好きなこと】

サラリーマンにとって、55歳・60歳・65歳は、役職定年・定年・再雇用終了のタイミングにあたり、**今後を考える節目**となる年齢です。そこでどのように考え、何を選択するかでセカンドキャリアは大きく変わります。

選ぶべき道は、今まで歩んできた延長線上なのか、それとも今までとはまったく異なる世界なのか？ 今回はまったく異なる世界に進んだ、金融業界で43年間働いたサラリーマン伊藤正信（66歳・仮名）さんの事例を紹介します。

◎金融業界で働いてきた伊藤さんの場合

伊藤さんは大卒で信託銀行に入社、資産運用を中心に55歳まで本社で働きました。55歳からは子会社に出向しますが、58歳から再び本社に戻り、資産運用の教育に携わっていました。

専門分野の仕事を順調にこなしてきた一方で、58歳で定年をひかえ、退職後のことを意識しては次第に思い悩むようになりました。

「こんなことでいいのだろうか。もっと違う道があるのではないか」

そんな折、出張先で偶然手にした雑誌の記事に目を奪われました。経済コラムニストの大江英樹さんの記事で、**「定年後は好きなことをするのが大切。**そのためにサラリーマンを卒業し、個人事業主で伸び伸びやりましょう」という趣旨でした。

伊藤さんは「まさに自分の気持ちを代弁している」と感じました。金融業界一筋で働いてきた伊藤さんにとって、サラリーマンを卒業するという考えは目から鱗でした。

さっそく大江さんのセミナーに参加し、自分の思いに向き合うことに決めました。

セミナーに参加してからは、定年後は好きなことをやっていきたいという気持ちが固まりました。しかし、次は「自分にとっての〝好きなこと〟とは何なのだろう……」という悩みに直面します。

「誰かにこの何とも言えない思いを聞いてもらいたい」と思った時、ふと頭に浮かんだのは高校時代の先輩でした。

◎先輩にもらった〝まさか〟の助言

その先輩の現在の職場は〝お寺〟でした。しかも、お寺の家の出身だったわけではなく、元々は金融関係の会社に勤務していたサラリーマンだったのです。

伊藤さんと先輩は高校時代からのつき合いで、今ではたまに会う程度の関係でしたが、同じ金融業界出身というのも何かの縁のように感じました。話を聞いてもらえるのではないかと思い、さっそく連絡をして職場に会いに行くことにしました。

現在の仕事や、これからについての悩みなど、自分の思いを一通り聞いてもらったあと、先輩から思いもよらないアドバイスがありました。

「一度、仏教の勉強をしてみないか？」

あまりに意外な助言に伊藤さんは驚きます。仏教の話をするつもりで相談したわけではなく、何か今後へのアドバイスがほしいだけだったからです。

とはいえ、考えてみると悪くない選択に思えてきました。

伊藤さんは高校時代に、悩みを抱えていたある日、たまたま書店で「仏教の本」を手に取ったことがありました。読み始めるとどんどん引き込まれ、「仏教を学ぶのはこんなに面白いのか」と気づき、それからは仏教に関する本を次々と読む経験をしていたのです。

現在の伊藤さんと高校生時代の伊藤さんの「好き」が線でつながった瞬間でした。「そうだ、自分は何が好きで何を大切にしているか、その原点は仏教を学ぶことだったのだ。学びを深められるなら、それが仕事にならなくたっていい」

高齢になっても、体が弱っても、勉強ならできる。そう思った伊藤さんは、先輩から勧められ、まずは会社に勤めながら仏教の通信教育コースで3年間学ぶことにしました。

伊藤さんは先輩への相談を通して、**かつて自分が大切にしていたものに気づき**、今まで歩んできたキャリアとはまったく別の道を歩み始めたのでした。

◎そして訪れた人生の転機

通信教育も終わりに近づいた頃、なんと先輩に「次は得度《とくど》をしたら?」とアドバイスをされました。得度とは、お坊さんになるための修行の1つです。

伊藤さんは「自分が得度を!?」と一瞬驚きましたが、別に修行をしたからといって、僧侶を仕事にしなくてもいいのだからと思い、それほど躊躇《ちゅうちょ》することなくアドバイスに従ってみることにしました。

こうして次第に仏教と関わる機会が増え、今後もさらに学びを続けたいと思うようになった頃、先輩から**人生の転機となる誘い**を受けることになりました。

「ここ（寺）で働いてみないか？」

これまでのキャリアとはまったく異なる大きな方向転換の申し出でしたが、その頃にはこれが自分の進む道だと考えるようになっていました。伊藤さんは、いよいよ64歳の時に会社を辞めることを決意したのです。

◎新たな道で感じるたしかなやりがい

それからは週に3回、お寺で働くことになりました。

お寺では、来訪者の悩みを聞いて相談に乗ることが主な仕事となりました。相談者も真剣ですから、伊藤さんも真剣に傾聴します。週末には時々法事もこなしています。

また、お寺での仕事がメインですが、前にいた会社とも関わりが続いています。資産運用の記事投稿など、一部の仕事を業務委託の形で請け負っているのだそうです。

「仏教の勉強が一番興味を持っている分野ですが、長年続けてきた金融関係の知識や経験は自身の強みとなっていて、人に貢献もできるので、細々と続けていきたい」

伊藤さんは目を輝かせてそう言います。

「学び」が伊藤さんの人生の基軸になっているので、資産運用においては今後も専門家の勉強会などで学び続けたいと思っているそうです。

伊藤さんは今、サラリーマン時代とはまったく違う世界で新しいやりがいを発見しました。今も興味が尽きない「仏教の学び」を深めながら、これまでの強みを活かした資産運用にまつわる仕事をこなし、楽しんで毎日を送っています。

シニアのセカンドキャリアは「将来のために稼がなくてはいけない」というよりは、**自分の好きなことを好きな形でやることが生きがいにつながります**。好きなことはその人の価値観につながります。大切なことは多くの葛藤の中から掴み取っていくものなのですね。

◎「パラレルキャリア」のすすめ

キャリアは1つに絞る必要はありません。キャリア理論では「パラレルキャリア」

といって、本業を持ちつつ第二の活動をするという考え方があります。

伊藤さんのケースで言えば、自分の価値観にもとづいてやっていることは「僧侶」の道、自分の強みを活かす仕事は「資産運用」の道、そして2つとも、それを求めている人に貢献していることになります。

また2つの道での学びが関連して、参考になることもあります。

現役サラリーマンの方も、今、関わっている仕事の知識・スキルを広め深めることで、定年後のキャリアを複数に広げることができるでしょう。

◎伊藤さんの事例から学ぶこと

1、1人で悩まず周囲の意見も取り入れてみる。
2、行き詰まった時は「好きなことは何か」を考えてみる。
3、キャリアは1つに絞らずに、複数あっても良い。

4
事例

「社長秘書」から「公務員」の道へ……【年齢制限なし】

過去にどんなに素晴らしいキャリアを積んできた人でも、定年後の再就職の壁は高く、苦労が伴うものです。その上、女性においてはロールモデルとなる体験談も少なく、参考にできる情報が圧倒的に足りません。

「**女性の定年後**」をテーマに、長年マーケティング会社に勤めた望月沙織さん（64歳・仮名）の再就職の事例をご紹介します。

◎マーケティング会社に勤めた望月さんの場合

望月さんは大学卒業後、マーケティング会社に入社して、そこから転職することなく1つの会社で働いてきました。会社では様々な部署で仕事をこなしながら、最終的には社長秘書となりました。

日本は女性の管理職、女性の役員の数が欧米と比較してかなり少ない現状があります。今となってはずいぶん職場での男女の区別はなくなってきたといっても、完全に平等とは言えないでしょう。

そんな中で、男女雇用機会均等法がない時代から正社員として働いてきた望月さん。読者のみなさんは、いわゆる「自信みなぎるバリバリのキャリアウーマン」を想像されるかもしれません。

実際、望月さんは大変優秀な社員だったので、経営者にとっても安心できる存在で「定年後も長く働いてほしい」と期待されていました。しかし、望月さん自身が定年前に持っていた考えは意外なものでした。

「自分は会社規模100人程度の中小企業に勤めてきた。女性で、エリートでもなく、雑草のような自分だから、気を引き締めてかからないと再就職なんてとても無理」

望月さんは自分の雇用状況について、「市場価値がある今のうちに、自分の得意なことを活かし、これからの仕事を考えたい」という思いがあったのです。かといって、長く勤めた会社を離れ、新たな一歩を踏み出す決断にはかなりの勇気が必要でした。

意外なことに、**望月さんの背中を押したのは「年金」**の存在でした。望月さんの年代の厚生年金受給資格者は、女性の場合、61歳から特別支給の老齢厚生年金がもらえるのです。

「今までの貯蓄に加えて年金があれば、何とかやっていける。働いているうちに辞めることを前提にアクションを起こして、いざという時に備えておこう」と、定年後のキャリアを前向きに考えられるようになったのです。

◎突然訪れた退職の機会

こうして望月さんなりに準備を始めていた頃、思いもよらず、会社を辞めなければならない状況に置かれます。秘書をしていた経営者が交代することになったのです。長く勤めた会社だけに、望月さんは大いに悩みましたが、「**これもいい機会ではないか**」と前向きに考え、退職を決意しました。具体的な未来が描けていたわけではなかったので、完全には不安を拭《ぬぐ》えなかったのも事実です。

◎ハローワークから始まった再出発への道のり

会社を退職してからは、まずは失業手当のことを相談しようと、地元のハローワークに向かいました。

望月さんはそこで、就業促進のために**様々な職業訓練が無料で提供されている**ことに驚きます。訓練の内容は多種多様です。総務人事関係、経理関係、ＩＴ関係など、いずれも就職に有利に働くコースで、好きなものを選べるのです。

さらに、この訓練は、３～６カ月コースで本格的に学べて、受講料は無料（テキスト代は実費）であることも魅力でした。講師は外部からその道の専門家が派遣され、指導も大変熱心だと言います。受講期間中は雇用保険に加え、交通費も支給されるらしく、至れり尽くせりの制度だと思いました。

望月さんは、さっそく総務人事関係のコースを選択します。学びながらハローワークの応募案件を調べ、良い案件があれば積極的に相談員に話を聞きながら就職活動を行ないました。

しかし、多くの会社に応募をしてみるものの、書類選考で落とされてしまい、まったく上手くいきません。応募件数はすでに20件を超えていました。

「やはり定年を過ぎた年齢になってからの就職は、うわさ通り厳しいんだ……」

気持ちが落ち込んでいた時、望月さんは立ちはだかった壁を打ち破る〝ある有益な情報〟を入手します。

◎「高齢者専門窓口」がある心強さ

望月さんを元気づけたのは、「高齢者専用の窓口が設置されたハローワークがある」という情報でした。ハローワークはすべての年齢の方に門戸を開いていますが、なかには高齢者に特化した情報提供をしている窓口があることがわかったのです。

さっそく、窓口のあるハローワークに行ってみると、たしかに高齢者に特化した「シニアコーナー」が設置されていました。そのコーナーでは、「**年齢不問のシニア向けの求人ファイル**」を自由に閲覧できます。担当者の方から有益なアドバイスをもらいながら、望月さんは足しげく窓口に通い続けました。

◎まさか自分が公務員に⁉　浮上した新しい可能性

窓口に何度か通ううち、シニアコーナーの担当者と親しくなっていきました。そして、ある日、「こんな案件があるのだけど、応募してみませんか?」と声をかけられることになったのです。

その紹介された案件の詳細を聞いて、望月さんは耳を疑いました。なぜならそれは

「公務員の会計年度任用職員募集」だったからです。

定年後に民間企業出身の自分が、採用される可能性があるとは思いもしませんでした。しかし担当者は「募集条件を満たす人なら、**年齢、性別、職歴なんて関係ない**ですよ」と言います。

望月さんには、その言葉がまるで天の声のように聞こえ、導かれるように応募を進めていきました。

◎いざ応募して面接へ！　結果は……

職業訓練校で職務経歴書の書き方も教えてもらっていたので、望月さんは安心して応募を進められました。面接も特別難しいものとは感じず、過去に会社でこなした仕事や、職業訓練校で学んだことをわかりやすく話すように心がけ、手ごたえすら感じました。

その結果は、見事採用でした。望月さんの契約は1年契約ですが、仕事によっては終了後も継続雇用につながります。また継続雇用の案件でなくても、在籍しているうちに他部署での求人に目を光らせておくと、**在籍中の応募が可能**です。

もちろん試験は公平に行なわれますが、役所で働いた経験や、役所のルールを理解していることなどもアピールできるので、採用側にも魅力を感じてもらえるのではないでしょうか。

採用された望月さんは、その後役所で生き生きと仕事をこなし、それから1年契約を終了する前に、他部署への求人に応募し、見事採用が決定しました。その結果、**公募によらない再任用契約のある部署**で現在も働いています。

望月さんは事務処理能力も高いことが評価され、「これからもぜひ働いてほしい」と今後の活躍にも期待されているようです。

◎望月さんの事例から学ぶこと

1、定年後にも、公務員としての活躍の場がある。

2、ハローワークへの偏見を捨て、徹底的に活用する。

3、チャンスがあれば思い切って飛び込んでみる。そこから新たな展開が開ける。

5 事例

「早期退職」から逆転で「独立」……【リスクなしの独立】

髙橋さん（66歳）は大手の製薬会社に新入社員として入社し、57歳で早期退職するまで1つの会社で働いてきた、この年代に典型的なサラリーマンです。長く担当した営業職に加え、人事部の採用職も10年ほど経験しました。

50代半ばになった頃、会社にトラブルがあり大型製品の売り上げが激減。その利益損失を補うためか、会社は全社員向けに**「早期退職プログラム」**を打ち出しました。

髙橋さんははじめこそプログラムに関心がありませんでしたが、よく考えると年齢も57歳で定年も間近であることから考えが変わりました。

「どのみちあと数年で定年退職か……。今後のことを考えると、このプログラムに応募するのも1つの区切りになるのかな」

そう思い退職を決意。プログラムに応募することにしました。

「定年より少し早めに辞めることで、会社では経験できなかった新しい人生が拓けるかもしれない」

退職する頃にはそんな淡い期待も芽生えていたのでした。

◎想像以上に難しい、定年後の就職活動

退職後は現役時代にあったストレスもなく、失業手当をもらいながら解放感に浸る毎日を送っていました。しかし、そんな時間も長くは続かず、住宅ローンの支払いが次第に家計を圧迫することに……。

このあたりから、将来への不安が膨らみ始めてきました。

何か行動を起こさねばと資格を取るために学校へ通ったり、独立もできるかもしれないと勉強会に行ったりしました。しかし現実は厳しく、資格を取っても仕事に結びつかず、何で独立するかもそう簡単には見つかりませんでした。

「いったい、どうしたらいいのだ……」と次第に焦りが募っていきました。

そんな時、人材紹介会社のサイトで、採用業務を募集している会社を見つけました。複数の保育園を経営している会社で、急ぎで保育士の採用をしたいが、採用担当者が退職するので急遽人材が必要になったというのです。

髙橋さんは前職では営業経験が長かったものの、人事部での採用業務経験もありました。そうした**採用職経験が評価され、即座に採用**されることになったのです。

前職は従業規模の大きい会社で専門職のスキルを深めやすい環境でした。中小企業は、採用業務を専門として組織化している会社は少ないので、髙橋さんのように特定の専門職のスキルは就職に優位に働いたのです。

「前職での取り組みが、定年後にも役に立つものだな」

今までと違う世界が拓けそうだと、期待で胸がいっぱいでした。

こうして就職活動に苦労しつつも、セカンドキャリアの一歩目を踏み出した髙橋さん。しかし、再就職が叶った安堵もつかの間、待ち受けていたのは怒涛の試練でした。

◎「上から目線」の態度で周囲と対立

再就職をして最初に課せられたミッションは、「5カ月で20名近くの保育士を採用する」というもの。通常の採用と比べて、かなり短期間で大きな成果を出さなくてはなりません。髙橋さんはとにかく結果を出そうと決意します。前職のやり方を踏襲しつつ、自分でどんどん仕事を進めていきました。

しかし、よかれと思ってやったはずのこの行動が、結果的に幹部の人たちに「自分勝手で強引な印象」を与えてしまったようです。次第にいじめに近い仕打ちを受けるようになりました。髙橋さんを「採用部門の責任者」と約束して採用されたにもかかわらず、採用職も未経験の若い社員を上司にするなど、信じがたい展開も起こりました。

髙橋さんはこの状況にかなり落ち込んでしまいました。そこで友人に一連の出来事を相談してみると、思わぬ言葉が返ってきたのです。

「あなたは**マイペースで上から目線**だったでしょう。それが**幹部の人の感情を逆なで**したと思うよ」

返す言葉のない鋭い指摘でした。この時になってはじめて、自分にも落ち度があったことに気がつきます。

自身のこれまでの振る舞いを反省した髙橋さんは、幹部の人たちに勇気をふり絞って謝罪することにしました。

「前職のやり方で、自分勝手に仕事を進めてしまっていました。みなさんに不快な思いをさせてしまい、本当に申し訳ありません」

話しているうちに感情があふれ、髙橋さんの目には涙がにじんできます。心からの謝罪が伝わったからでしょうか、その後は幹部の対応が激変し、関係性が大きく改善していきました。

「再就職先で上手くやっていくためには、**謙虚であることが大切**だったんだ」

失敗から学びを得た髙橋さん。謙虚な態度で周囲と協調して仕事を進めるうちに、次第に職場になくてはならない存在になりました。周囲とのいい関係性を維持しながら取り組んだ採用活動の実績は、年を追うごとにどんどん伸びていきました。

◎年金の受給ができない……？

57歳で再就職をして3年、60歳になり定年の年齢になりました。定年後、仕事は同じものの、契約が1年単位の嘱託契約に変わりました。

そして63歳になった時に年金受給が始まるのですが（髙橋さんの年齢は特別に厚生年金部分の支給が早く行なわれました）、年金プラス給与が28万円を超えると、年金がカットされることを知りました（2024年4月現在50万円に変更）。

何とかならないかと調べたところ、厚生年金から外れて独立すればいいことがわかりました。もともと1年契約のため、それを**「業務委託契約」に変更してもらうだけ**

で独立になり、年金はカットされないことになります。

さっそく会社にお願いをすると、「前例がない」ということで断られます。しかし「高年齢者雇用安定法」改正で業務委託での働き方が努力義務の一つになることを伝えると、しばらくして承諾してもらえることになったのです。

◎快適な業務委託による働き方～新たな出発

同じ会社で同じ仕事をしているのに契約を変更するだけで独立したことになる。考えれば不思議なことです。

独立したことを実感するのは、働く時間が9時～5時でなく自分で決めることができ、加えて働く場所も自由になったことです。特別な場合を除けば、会社に行く必要がなくなりました。また雇用関係でないため、契約した内容は守らなくてはいけませんが、基本的に会社と対等な関係なのでストレスが溜まらないようです。

髙橋さんは、業務委託契約によって余裕ができた時間を、別のことに使うことにしました。前職を辞めた時に、**いずれ自分のようにセカンドキャリアに悩んでいる人の支援を仕事にしたい**なと考えてきましたが、その準備を始めたのです。

そんな折、今まで苦労した定年活動を勉強会で話してみないかという誘いを受け、何回か人前で話す機会を得ました。業務委託契約という形で独立をしていたため、その依頼を仕事としてこなすことができたのです。

こうしたご縁がご縁を呼び、セミナーにも登壇するようになり、最近はその仕事の割合も高くなってきました。

本当に好きなことを、仕事にすることができるようになってきたのです。

雑誌社からの執筆依頼を受けるようになり、最近は本の出版もしました。

「得意なこと」と「好きなこと」がシニアの大切な仕事の要素だと言われていますが、まさにそれを実践されているなと思いました。

◎髙橋さんの事例から学ぶこと

すでにお気づきの方もいらっしゃると思いますが、この事例は私自身の話です。

1、独立をするなら、リスクが少ない業務委託契約から始める。

2、現役時代の専門分野を定年活動に活かす。

3、定年後はマインドチェンジが大切。

6 事例

「病気」がきっかけで「人のケア」を……【逆境】

新卒で入社した会社で順調にキャリアを築いていたものの、突然想像もしなかった**「がん宣告」**をされた林浩昭（63歳）さん。闘病生活をきっかけに仕事に対する考え方が大幅に変わりました。

◎大手百貨店に新卒入社後、関連会社で事業立ち上げに奔走

林さんは大手百貨店に新卒で入社しました。最初に和食器売場へ配属になって5年が過ぎた頃、時はバブル時代を迎えます。会社も新規事業に乗り出すことになり、関連会社で高級コンビニエンスストアを立ち上げることになりました。

林さんは若手ながら、新しい事業の立ち上げに奔走。様々な苦労とともに貴重な経験を積みながら、中堅社員時代を過ごしました。立ち上げも一段落して新規事業も成功裏に終わったタイミングで、勇んで百貨店に戻ることになります。

◎仕事に打ち込める環境を求めて異動

百貨店では企画宣伝の仕事を担当することになりましたが、どうも直属の上司とそりが合いません。しばらく苦悩の日々を過ごすことになります。

しかしある時、「このままではいけない！」と思い、自分から申し出て別の関連事業に移してもらうように掛け合いました。

当時の百貨店はビジネスの多角化を手掛けていた頃なので、その取り組みの1つとして人材ビジネス事業にも着手していました。林さんはその人材ビジネス事業が自分に向いている職場ではないかと考え、結果的に関連会社に異動させてもらうことができました。

幸い、新しい仕事は自分に合っていたので、一生懸命仕事に取り組み、仕事一筋の生活を送ることになります。帰宅も夜の22時や23時が当たり前。休日労働も珍しくない毎日を過ごしました。

仕事はきつくてもやりがいがあり、充実した日々でした。

しかし、ある日突然、林さんに想像もしなかった困難が降りかかります。

◎働き盛りの時期に生じた体の異変

入社して23年が過ぎたある日、少しお腹に痛みを感じていたところ、会社の健康診断で「要精密検査」の結果が届きます。血便があった後だったので、心配になって急いで病院を予約しました。

そして検査の結果、**驚くべき宣告を受ける**ことになります。なんと体調不良の原因は「スキルス胃がん」だったのです。

テレビや映画のイメージでは、本人へ告知はせず、ひたすら隠すような深刻な病気です。しかし、この時のお医者さんの口調は拍子抜けするものでした。

「ああ、林さん、胃がんですね。これは治療をきちんとすれば、また仕事にも復帰できますから頑張りましょう」

いたって軽く、まるで風邪をひいたかのような物言いだったのです。

今になって振り返ってみると、この時のお医者さんが深刻にならずに説明してくれたので、後の闘病生活で深く落ち込みすぎずに済んだと林さんは言います。

◎闘病生活を経て「やりたい仕事」に変化が

病気の発覚後、すぐに入院し、さらに詳しい検査が行なわれました。

その結果、「ステージⅢA」の段階。実際に手術して全摘した場合でも5年後生存率が46％以下の状態にあることを知らされます。

詳細を聞くと、いよいよ病状の深刻さが胸に刺さり、頭が真っ白になったそうです。

それから、死を意識せざるを得ない闘病生活を経験するうち、林さんの中で仕事に対するある変化が起こりました。

「これからは会社の利益を上げることだけでなく、誰かをサポートすることをやっていきたい」

病気という理不尽な経験をする中で、多くの人から励まされ寄り添ってもらったからこそ、**心の底から出てきた目標**でした。その後は治療も順調に進み、幸いなことに再発・転移も起きず7年が経過しました。

◎資格の勉強にボランティア活動、グリーフケアの勉強を開始

林さんは「人をサポートしていきたい」という思いを実現させるために、まずキャリアコンサルタントの資格を取得しました。そして、会社の業務として就職活動に関するセミナーや相談、カウンセリングを行ないながら、社員の悩みや課題に寄り添って実務で知識を活かしました。

その一方で、病気のほうは再発・転移こそ起こっていませんでしたが、まったく心配がなくなったわけではありません。ただ、無理をしなければ普通に生活ができるレベルにまで回復していました。

その自身の経験もあって、当時林さんは〝病気と仕事の両立支援〟のボランティア活動を行なっていました。

ある日、ボランティア仲間の方から、上智大学に「※**グリーフケア研究所**」という組織があることを知らされます。

※「グリーフ」とは様々な悲嘆のことです。

昨今、高齢化に伴う多死社会や、災害・事故・病気などで大切な人を失い、悲しみに打ちひしがれている人が増大しています。同時に、そのような方々に寄り添い、悲しみを癒すことへの社会的ニーズも高まっています。先に挙げたグリーフケア研究所

では、グリーフに耳を傾け寄り添っていく人材を養成しているそうです。

その活動に共感した林さんは、グリーフケア研究所に2年間通い、２０２１年3月にグリーフケア人材養成課程を卒業されました。

◎セカンドキャリアに選んだのはグリーフケアの活動

林さんは、着々とセカンドキャリアへの道を切り拓きながら、ついに60歳の定年を迎えました。

がんになりながらも、なんとか定年まで勤務できたことに感謝しつつ、定年をきっかけに会社を退職し、**セカンドキャリアは「グリーフケアの活動」を中心に進む**ことを決意します。

ところがこの時、コロナの影響で会社の業績が悪化し、赤字に陥ることが予想されていました。林さんは会社に退職の意向を伝えたものの、何とか黒字になるまでは協力してほしいと懇願されてしまいます。なんとか２０２３年には黒字に転換したため、来年度からは新たなセカンドキャリアをスタートされる予定です。

◎癒やし、癒やされる関係

林さんから聞いた話です。人を癒やすということは、一般的にケアする側の能動的な行為で、ケアされる側は受動的な態度である、というイメージがあります。

しかし、じつは両者には「相互の関係性から起こるダイナミズム」により、「癒える」という自発的に湧きおこってくる「中動態」の状態が存在するというのです。

難しく聞こえますが、要するに**「互いに癒やされる」「互いに気づく」**という相互作用があるということです。「人の役立つことをすれば、自分も何か得るものがある。だからお互いに幸せなのだ」ということです。シニアのセカンドキャリアには、若い時にはけっして気づけない、その年齢になればこその気づきがあるものですね。

◎林さんの事例から学ぶこと

1、逆境からヒントは得られる。
2、シニアは人の役に立つことが心の安定につながる。
3、勉強でも趣味でも熱中できる何かを見つけることが大切。

7
事例

「銀行マン」から「NPO活動」の道へ……【社会貢献】

金子良太さん（64歳）は、大手銀行に新卒で入社して各支店勤務を経験後、27歳の時に海外勤務になり、44歳半ばで帰国されました。

大手銀行では平均的な企業と比較してキャリアの節目が早く、50歳で退職して子会社や関連会社、または別会社に移る人が多いようです。ですから、金子さんが帰国した44歳と言えば、退職後の道が視野に入ってくる年齢でした。**一般企業で言えば55歳の役職定年の直前にあたる時期**かもしれません。

現在では幸せなセカンドキャリアを築いている金子さんが、この悩みの多い時期に何を感じ、どう行動されていたかを見ていきます。

◎キャリアの節目で見つけた「あるチラシ」

金子さんは海外から帰国後、「自分が持っている知識、経験がその後もずっと活かせるように、何か考えなくてはいけないな」と思い始めたそうです。そのため、当面は関連会社への道を選択して、働きながら具体的なことを考えることにしました。

そんな中で、かねてより海外支援に関心があったことから、ナイロビのスラム支援をしている獣医師の講演会を見つけたので行ってみることに。その講演会場で偶然、「ワールドランナーズ・ジャパン」という組織が「チャリティーマラソン大会」をしているというチラシを見つけます。なぜ目についたかと言えば、金子さんは**昔から走ることが好き**で、マラソン大会にも数多く出場していたからです。

「自分が好きなマラソン分野でのチャリティー活動があるんだ」と興味が湧いて、チラシを持ち帰ることにしました。

◎「趣味×興味」の領域でNPO活動を開始

「ワールドランナーズ・ジャパン」は年に3~4回チャリティーマラソン大会を開催していて、ランナーからの参加費や寄付を使い、アフリカの子どもたちを支援しているNPO法人です。

金子さんにとっては、**好きなマラソンと興味があるチャリティー活動の両方**に関われるので、大会にボランティアとして参加することにしました。仕事とは異なるボランティア活動は新鮮で楽しいものでした。

何度か参加するうちに、他のスタッフの方から「リーダー的な役割で活動に参加してみませんか?」との誘いを受けました。そうして**海外勤務の経験を強み**として、寄付金の使い方や、現地との支援内容の交渉において役割を担うことになったのです。

こうしたNPO活動はもともと運営予算も限られていることから、スタッフは手弁当で参加しています。さらに収益は寄付になるので完全に無報酬での活動です。

しかし、そこに集まってくる人たちはその分野に興味を持っていて、心から好きな人たちなので、仕事と違って親しくなりやすいのです。金子さんも、ここで**本当の意味でのネットワーク**が生まれたと言います。

金子さんは平日の昼間は本業の銀行の仕事があり、土日や平日の夜をNPO活動にあてていたため、時間的に少しキツいと思うこともありました。ただ、それ以上に、好きでやっていることなので、面白さを感じて活動を継続できたと言います。

じつは、このようなNPO法人のスタッフは、大方は会社員の方が運営に携わっているので、継続して関わり続ける人が少ないのです。金子さんのように興味を持って長く関わる人はNPO法人にとっても有り難い存在だったようで、次第に深く運営に関わるようになりました。

ここで私がなるほどと思ったのは、好きな分野で興味を持ち、純粋な気持ちで参加した人たちの触れ合いは自然で、**本当に住み心地の良い「サードプレイス」**になるということです。

◎趣味を掘り下げてたどり着いた、一般財団法人での活動

金子さんは現在、NPO法人以外にもう1つ「居場所」と言える団体に所属しています。それは「**一般財団法人**」です。

きっかけはマラソンが好きな気持ちを掘り下げたことにありました。金子さんはとにかく走ることが好きで、若い頃はマラソンの記録を塗り替えることを目標にしていましたが、年齢を重ねるとだんだん記録に伸び悩むようになりました。

「それなら記録よりも楽しむことを第一義にしよう！」

そう思い始めて見つけたのが、「トレイルランニング」です。山の中を走り、時間を競い合うスポーツで、自然の中を走るので解放感があるのだそうです。

この競技の主催者が「日本山岳スポーツ協会」という一般財団法人でした。ここでも大会に参加するうちにスタッフの方から誘われ、運営側としても活躍するようになりました。チャリティーマラソン大会での経験があったので、運営スキルが身についていたのかもしれません。

こうしてNPO法人と一般財団法人で活動を始められた金子さん。50歳で銀行を退職する形となり、**関連会社での新しい仕事**が始まることになりましたが、担当業務はかつての法人を相手にしていた時とはまったく異なる内容でした。

◎新しい仕事で実感した「謙虚さ」の重要性

50歳で銀行を退職し、そこから始まった関連会社での仕事は、今までの仕事の延長とも言える法人相手のコンサルティング業務でした。そこも59歳になり他の関連会社に移ることになります。

次の関連会社での新しい仕事は、金子さんにとって今まで経験したことのないものになったのです。直接個人に販売をする**スタッフのマネジメント業務**でした。

販売スタッフにはパートの年配女性も多く、最初は戸惑いもありましたが、コミュニケーションを重視するように工夫していきました。なかでも毎日スタッフへの声掛けと会話を心掛け、芸能人の話や世間話のネタを日頃から仕入れておくことが良い人間関係の構築のポイントとなったそうです。

「上から目線で接すると嫌われてしまうので謙虚さも大切だ」と実感し、ここでの仕事もまた良い経験になっているとのこと。現役時代とは違う部分の脳を使っていて、それが**本業以外の活動にも大いに役立っている**ようです。

海外勤務から日本での販売スタッフとの交流まで、そして仕事以外ではＮＰＯ活動など様々な経験をされてきた金子さん。そのふり幅の広い体験があったからこそ、人生が色鮮やかなものになったのではないでしょうか。体験は大切ですね。

◎金子さんの事例から学ぶこと

１、現役時代に好きな分野でＮＰＯ活動に関わってみる。
２、会社の経験を会社以外の場所（ボランティア等）でも活かす。
３、興味のある場所を見つけたら、継続して関わってみる。

8 事例

「勤続25年目」の転機で「兼業の仕掛け人」に……【兼業】

小川伸二さん（52歳・仮名）は地元九州にある大手の自動車メーカーに入社後、**転職することなくずっと働いています**。地元で安定しているところが会社選定の理由です。

生産管理、原価管理に携わる中でリーマンショック、災害支援など波乱万丈の仕事人生を歩まれることになります。最初は新型車を取り扱う仕事だったので、他部門や本社との日程調整など多くの部署に関わることになり、ずいぶん調整能力が鍛えられたそうです。

◎突然の転機が訪れる

入社して25年目に転機が訪れます。本社の経営陣に自社の経営上の数字や課題を提案することになり、その担当者として白羽の矢が立ちました。今まで生産の現場と会計業務に精通していたので適任だったのです。

突然のことで戸惑いましたが、何とか短期間でこなすことができました。その仕事が人事部門に関わっていたことから、そのまま人事部に異動に。当時会社でシニア社員の活性化が大きな課題になっていたのでそれを改善するため、その担当になりました。会社としてもこの年代の社員数が増加してきたので、「いつかは取り組まないと」と思われていた案件だったのです。

着任にあたって当時の副社長から言われた言葉があります。

「**役職を離れた社員は、長年会社のために尽くしてきてくれた人たち**なので、リスペクトして接してほしい」

◎課題解決として「兼業」を

小川さんはその時はまだ47歳で、その意味を自分事として考えることができませんでした。

役職を外れた人は通常出向するケースが多いのですが、それでは元の会社に戻れないと思い、嫌がる人が多かったようです。小川さんはそこを何とかしたいと思い、あくまで所属は今の会社で、**「兼業」という形で週に2日程度外部の会社に行く**、という形の兼業制度を作ることにしたのです。

まずは、兼業先の会社を探すことからのスタートです。

兼業先では社員が得意なことを発揮し兼業先の会社に貢献しなくてはいけません。それには、まず社員の方の得意なことが何かを知り、それがどの会社で活かせるかよく調べる必要があります。

一番いいのは直接会社に訪問し、どんな人材を必要としているのか聞き出すこと。その役割を小川さんが担うことになりました。

会社のニーズを聞き出すには、課題や困っていることを話しながら聞き出していかないといけません。社長と現場の責任者と話すうちに、誰よりもその会社のことがわかるようになってきました。会社の人たちも気づいていないことが明確になることもあるそうです。

◎兼業先を訪問することで意外な発見が

兼業先の社長たちとの面談を通じて、小川さんは大切なことに気づきます。

兼業先の方々が求めているものは、募集要項に書かれていることではなく、案外シンプルで、**経営の基本的なこと**だとわかってきたのです。

「生産性向上」と言っても、まずは「物の配置の仕方」から始める必要があるとか、トラブルは人材育成が上手くいっていないことが原因で起こっている、といったことが見えてきたのです。

また「DXの浸透」が求められているとして、よく聞いてみるとDXが問題でなく、リーダーがまだ経験が浅く、人のマネジメントに困っていることが問題だといったことがわかってくるそうです。シニア社員に「メンターになってほしい」とその場で決まることもありました。

シニア社員は兼業を始めることに躊躇し、敷居が高く感じられる人が多かったそうで、兼業を申し込む人は最初少なかったそうです。しかし、求められていることが自分でもできることだとわかると、次第に申込者が増えてきたと言います。

「じつは、効果を一番実感しているのは何を隠そう私なのです」と、小川さん。

企業訪問し、相手の課題を聞くうちに、自分が役立つだろうと思われることがたくさんあることに気づきました。

今までいろいろな仕事をするなかでやってきたこと、課題を乗り越えてきたノウハウなどが、ここで活かせると思える場面がたくさん見えてきたのです。

これまでの仕事がムダではなかった、違った環境にある会社では役立つことがあるのだ、ということが実感として理解できました。

◎自ら兼業を実践する

ある時は、「小川さんご自身が私どもの会社に来てもらえれば助かるのですが」という言葉をいただくこともあったそうです。

「兼業を推進するには、自ら実践しなくては」と、じつは小川さんご自身が2社で兼業を実践中です。

その経験から、新たにわかったことがあります。

まず、中小企業では多くの課題を抱えているので、改善した後の喜びが大きいということです。

本業で99点のものを100点にするより、兼業先の中小企業で10~30点を50点にするほうが、やりがいがあります。また上手くいくと人から褒められ、感謝されます。

小川さんの本業では、あまり経験できないことでした。

「最初は大変かもしれません。でも**乗り越えた後の喜びは大きい**ですね」

小川さんはそう言います。

考えてみれば、若い頃はそのような体験をたくさんしてきたのです。

同じことが体験できると思うと、やりがいにもつながります。

「相手側が求めていることがわかっても、自分には解決できないことがわかると会社に持ち帰ります。そして専門部署の方に連絡して教えてもらいます。それから相手にわかるようにまとめます。まさに**これが本当の『リスキリング』**ですね」

小川さんは充実した表情で、そう語ってくれました。

◎本業と兼業の関係

話をうかがっていて少し疑問があったので、最後に小川さんに聞いてみました。

「兼業を進めると本業がおろそかになるのでは」

この私の質問に、小川さんはこう答えてくれました。

「兼業を通じて自分の強みに気づき、さらに発揮しようという気持ちになります。なにより貢献することで前向きな気持ちになり、本業にも力が入るようになるのです」

兼業の仕事に着任した時に副社長から「シニア社員をリスペクトしなさい」と言われた言葉が今では身に染みます。人は認められることでその力を発揮し、人のために働こうとする、その大切な役割を小川さんは担っているのです。

小川さんの今後のご活躍を楽しみにしています。

◎小川さんの事例から学ぶこと

1、事をなすには、まずは自ら率先垂範して行動で示す。
2、相手にとって必要なことを引き出すために傾聴する。
3、わからないことは知っている人に聞き、学ぶ。

2
章

自分らしい「幸せな働き方」を考えてみよう

9 再雇用……「自分の強み」を活かして、活躍しよう！

定年後は、**「雇用されて働くか」「雇用されずに働くか」**の2つに分かれます。

雇用されて働く場合、再雇用、再就職、パート・アルバイト・派遣の道があります。

雇用されずに働く場合、起業、個人事業主、フリーランスという道があります。

どの道を選び、どのように働くかは、人それぞれです。

「高年齢者雇用安定法」により、サラリーマンは、定年後65歳までは雇用が確保されています。働く意思さえあれば、誰でも5年間は就業の機会を得られるのです。

仮に60歳で定年を迎えた人が、いまの会社を退職して、新しい職場に「再就職」をしようとすると、想像以上に厳しい現実が待っています。

希望する職種につくことは容易ではありません。多くの場合は書類審査で落とされます。ハローワークでも数十件断られるのは当たり前です。

企業側としては、「できるだけ若い人を採用したい」というのが本音なのでしょう。

私が取材をした人のなかでも、応募してから178社目にして、ようやく理想の仕事につけたという方がいらっしゃいました。

再雇用以外に新たな世界にチャレンジすることは素晴らしいことですし、可能性はありますが、早くからの準備と忍耐が必要だということです。

そうした現状を鑑みると、環境の劇的な変化はないものの、働く場が与えられている「再雇用」は、リスクが少ない安全な働き方の一つと言えるでしょう。

もちろん再雇用には、給与が以前より大幅に減ったり、元部下が上司になってやりづらくなったりといった弊害があります。しかし、それまで負っていた責任がなくなったり、時間的な拘束が減ったりと、ストレスが大幅に減るメリットもあるのです。

実際、**サラリーマンの約80%が定年後の働き方として「再雇用」を選択**しています。

あなたが大きな変化を望まないのなら再雇用は向いているかもしれません。

では、65歳まで再雇用で働くことを決めた場合、どのように考え、行動すればいいのでしょうか?

大切なことは、60歳から65歳までの5年間を、**65歳から「新たなスタートを切る準備期間」**としてとらえることです。そして、65歳からの仕事や人生に役立つ「専門知識＋経験」を深めるのです。

別の言い方をすれば、今までの**仕事で培ってきたスキル・経験を、いかに自分の商売道具にしていくか**を考えるのです。

たとえば、説明することが得意な人は、セミナー講師としてそのスキルを人に教えることが考えられます。そのために、自分の説明スキルをわかりやすく深めておくのです。経理や会計業務に詳しい人なら、それらの専門知識を伝えられるように、簿記の資格を取得したり、最新のソフトの勉強をしたりするのです。

このように、再雇用の5年間で、仕事を続けながら、自分の得意分野をさらに深め、広めていくこともできます。65歳以降の仕事や人生のために得意分野を深めることは、今の仕事にも役立ちますから、まさに一挙両得です。

さて、ここで、再雇用の間に新しい知識を学び、65歳からも活躍し続けている人の例を紹介しましょう。大手家電メーカーに新卒から勤めた朝野陽一さん（67歳・仮名）の実例です。

朝野さんは、長年全国の家電量販店の管理部門で本社と量販店をつなぐパイプ役を担ってきました。顧客のあらゆるニーズに応えるために、本社の各部署との連携を大切にし、各事業部の実情把握を心がけてきました。

その朝野さんが60歳の定年直前に、営業本部の新規事業の立ち上げ部門に異動になりました。そして、各部署から優秀な人材を集めるため、再雇用で会社に残るように依頼されたのです。

再雇用として働き始めた朝野さんは、日々の業務と並行し、65歳からのセカンドキャリアには「ドローン」が役立つと考え、ドローンの準備を始めました。

そして65歳以降は実際にドローンを購入し、景勝地で空撮をしたり、プロスキーヤーの滑走を撮影したりして、動画を作るほどの腕前になりました。

朝野さんは現在67歳。再雇用が終了した後は65歳以上のシニアを企業に派遣する東京の事業である「東京キャリア・トライアル65」に参画し、新しい会社で元気に働いています。そこではドローンの取り組みの成果が実り、会社のPR映像作成の仕事もとることができたそうです。

再雇用中の仕事は人によって異なります。今までと同じ仕事をされる方もいれば、まったく違う仕事に移る方もいるでしょう。会社にとっても自分にとっても役立つ内容であれば、新しい仕事に取り組むのもいいでしょう。

会社側からすれば、再雇用時にどのような仕事をしてもらったらいいのか悩むところです。主要な仕事は若い世代に任せ、シニア社員にはそれぞれの専門分野で活躍していただき、それによって会社の生産性が向上すれば素晴らしいことです。

そのためには、シニア社員が**自分の強みを自覚し、それを積極的に活かそうとすることが大切**です。

現在の仕事に関しても、今までとは違う観点で自分の仕事をとらえ直すことでより広く展開できないか、より深く掘れないか、考えてみるといいでしょう。そうした心構えが、セカンドキャリアを充実したものにするはずです。また、自分が持っている知識や経験を後進に伝え、相談を受けた時にはアドバイスをすることを心がけましょう。それが、シニア社員が会社から求められることだと思います。

自分の強みを活かし、人からも期待される立場にいることはやりがいにつながります。変化の激しい社会では、自分しかできないスキル・強み、そして様々な経験が大切になってきます。再雇用中でも自分の強みを強化しながら次の準備をしていきましょう。

定年後の働き方には「2つの道」がある

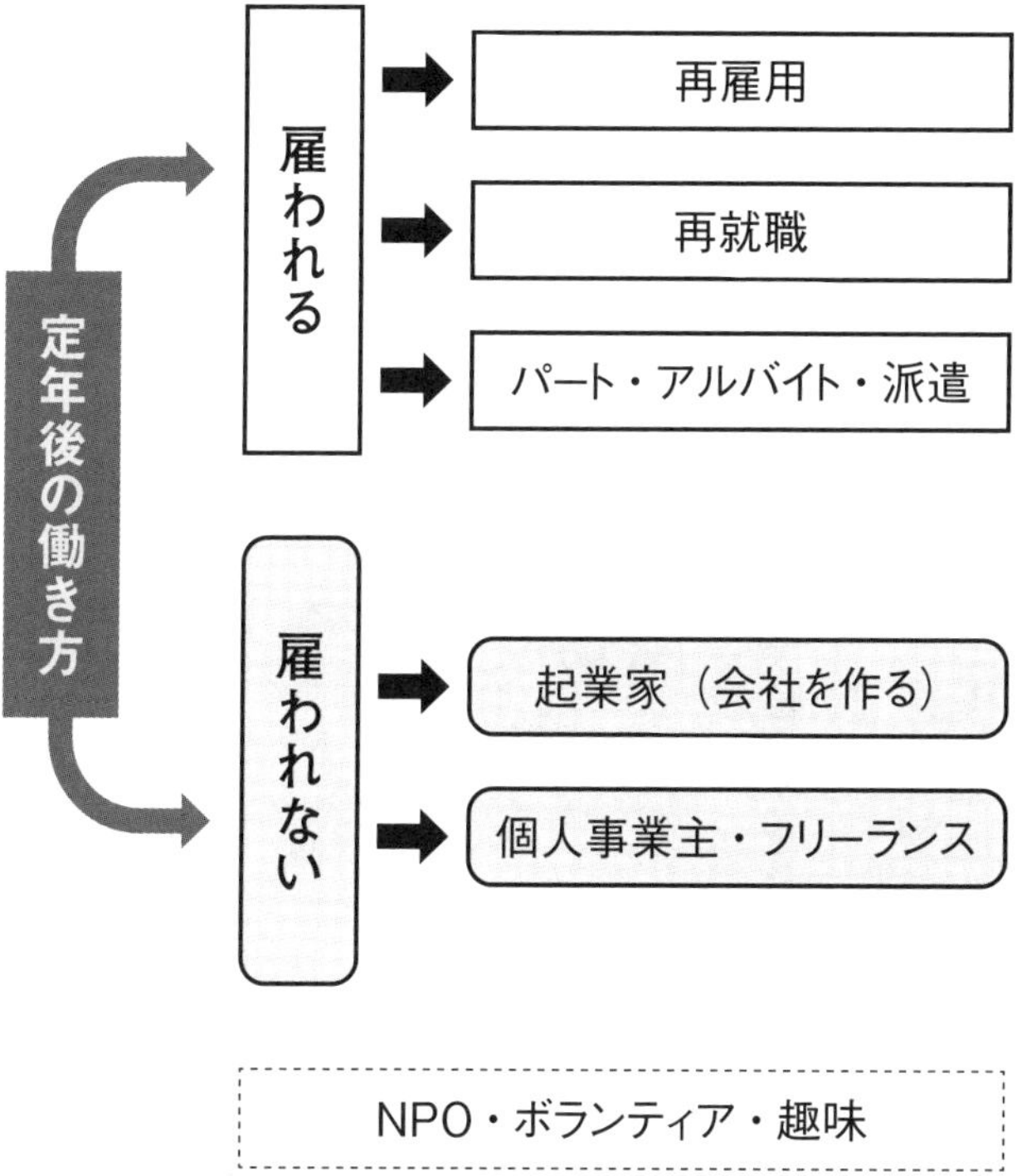

10 業務委託契約……
会社にいながら「リスクなしに独立」する！

定年を迎え、長年のサラリーマン生活を振り返った時、上司から悩まされたことを思い出す人もいるでしょう。「できれば誰からも指示をされずに、自分の思うように働きたい」、そう思う人はけっして少なくないと思います。

とはいえ、いざ独立をしようと思っても、まだまだ住宅ローンなどを払わなくてはいけない経済的事情もある。だからリスクある決断はできない……。

実際のところ、多くの人がそのような心情を抱きながら、60歳以降も同じ会社で再雇用の道を選ばれるのではないでしょうか。

ところが、**「同じ会社にいながらリスクなく独立できる」**としたらどうですか？

「そんな都合のいい話はない」と思われますか？

それがあるのです。今いる会社との契約を別の契約に変えるという方法です。

定年後は、一年契約で「嘱託契約」を結ばれる方が多いと思いますが、それを一年契約の**「業務委託契約」に変更してもらう**のです。

業務委託契約にすることで、会社から雇用されている状態から、会社と対等の立場に立つことができます。つまり「独立」です。

独立と言っても、会社と仕事が変わるのではなく会社も仕事内容も同じです。リスクなく一人社長の座を手に入れることができるのです。一人社長とは、法人として会社を興すのではなく**「個人事業主」として個人で独立する**という意味です。会社の雇用からは外れることになるので、仕事の内容は会社と話し合って決めることになりますが、基本的には自分の好きなように働くことができます。

個人事業主の良いところは、働き方が自由ということです。「いつ、どこで、どのように仕事をするか」は、基本的に自分で決めることができます。

私は34年間働いた会社を57歳で早期退職し、再就職をしたのですが、再就職先の会社とは63歳の時に嘱託契約から業務委託契約に変更してもらいました。きっかけは年金でした。

当時、年金と給与を合わせた額が28万円を超えると年金が減額されるという事実を知った時でした（2024年4月現在は50万円に変更になっています）。理不尽に思い税務署に相談したところ、厚生年金を払わなくなったら減額されないということを知り、独立しようと思ったのです。

最初、会社から前例がないと断られましたが、事情を説明し、「高年齢者雇用安定法が改正になり業務委託契約が推奨されるようになる」と伝えたところ、検討されたようで、後日その許可がおりました。

会社側としても社会保険料や厚生年金の負担分を払わなくていいのでメリットがあります。社員として管理しづらくなる点は不安材料と言えますが、むしろ個人事業主になることで仕事の専門性は高まると考えるべきだと私は思います。

私は個人事業主になった後は、むしろ限られた時間の中でより良い成果を出そうと思い、質の高い仕事ができるようになったと思います。シニア社員の活性化はどの企業にとっても大きな課題の一つです。その解決法として業務委託契約は一つの解決法になることでしょう。

この「業務委託契約」は今まだ認知度が低く、人事部としてもまだ経験が浅く手探り状態です。しかし国が定年延長、雇用延長の流れを作っている以上、**今後ますますその認知度が高まり実践されることは間違いない**と思われます。

業務委託契約のメリット・デメリット

	メリット	デメリット
個人	勤務時間と勤務場所が自由になる（会社との話し合いは必要）。	会社の雇用義務がなくなるので、契約が継続されない場合がある。
個人	複数の会社で仕事ができる。	福利厚生がなくなる。
会社	必要ないと思えば契約を切ることができる。	指揮命令ができないのでコントロールできない。
会社	社会保険や厚生年金の負担がなくなる。	業務委託契約以外の仕事は頼みづらい。

11 再就職①……先輩のツテを頼り、関連会社に勤める

定年を1つの節目として、違う会社に再就職する方法を考えてみましょう。

前にも述べたように、定年後の再就職は年齢的な面で厳しい現実に直面することになります。多くは書類選考で落とされ、なかなか面接にも進めないことが普通です。ただ、もちろん上手くいくケースもあります。それは、**先に就職している先輩や知り合いから紹介してもらう**方法です。この方法が良い点は受け入れる会社にとって、応募者がどのような人で、どのような知識・スキルを持っているかが事前にわかることです。

採用する側からすると職務経歴書と面接だけではわからないことがあり、採用後に期待以下だったということもよく見られます。その点、応募者のことを直接よく知っている社員からの紹介は間違いがないというわけです。

もちろん応募する側からすると、年齢だけで落とされることがなく、即戦力として

期待されて入社できるので入社後の不安も少ないというわけです。

このように、人からの紹介は応募者と会社双方に有益であることから、「**リファラル（紹介）採用**」といって会社の人事部も採用戦略の中で重視しています。

長年培ってきた知識・スキルを活かすという点においては、再就職先は同じ業界のほうが即戦力として実力を発揮しやすいでしょう。同じ業界であれば、会社によって文化は異なるかもしれませんが、それほどの違和感はないと思います。

特定の専門領域、たとえば経理、人事などは業種が違っても知識・スキルをそのまま活用できます。営業やマーケティングなどは、その業界独特の経験が生きることが多いので、より馴染みやすいかもしれません。

最近は特定の業務を外部の会社に委託することが多くなってきて、その業務を扱っている会社に再就職するケースもよく見られます。

製薬会社の例で言うと、病院で処方される薬を発売した後は一定期間、副作用の有無や有効性がどの程度なのか調べて厚生労働省に報告しなくてはいけません。その仕事を、専門の会社に業務委託するケースが多くなってきました。会社が変わってもする仕事は同じなので、そういった会社には再就職しやすいのです。

また、退職した先輩が再就職をしているケースも多いため、紹介をしてもらいやすいと言えます。こうした例はどの業界にもあるので調べてみてください。

では、具体的にどうすればいいでしょうか。ポイントは2つあります。

①50代からは、退職した先輩の就職先を意識して情報収集する。

先輩が退職することがわかった時は、「また相談に乗ってください」と言って連絡先を聞いておくことです。そして退職後は、時々近況を聞くようにしましょう。

②就職口を探していることを、口に出して伝えておく。

会社で良い人間関係を築いてきた人とは、その方が退職しても時々会う機会があると思います。その時にさりげなく、「就職先を探しているんですよ」とか「近い将来転職することを考えています」など自分の意思を伝えておきましょう。

退職してから慌てないように、定年前から自分のセカンドキャリアに向けてのきっかけを作っておきましょう。

12 再就職②……まったく違う業界にチャレンジする！

定年を機に、これまでとは違う環境で自分の力を試してみたい人もいるでしょう。

これは定年前に早期退職をされる方に多いケースです。

会社の都合で個人に早期退職を促すケースや、退職金を上乗せすることを条件に早期退職者を募るケースがあります。いずれも、**セカンドキャリアを考えるひとつのきっかけに**なります。

私の知人の田村宏さん（64歳）は、32年間ひとつの会社に勤めた後、早期退職をして、中小企業に再就職をしました。

従業員規模4000人の会社から、30人規模の小さなホテルへの転職です。田村さんにとって、宿泊や飲食サービスを提供する業種は未経験です。しかも、規模からすれば、前職の約100分の1の会社に再就職をすることになったわけです。

そのホテルでは2代目の社長が新しい経営手法でホテルを立て直したいと、外部の人材を求めていたところでした。田村さんは人事での経験が豊富で、特に人材育成の経験があったことから、社長の方針ともぴったりの人材でした。「すぐにでも入社してほしい」と採用が決まりました。

経理としての採用でしたが、社長からは経理だけでなく、人事、人材育成、総務など、様々な業務を求められたようです。経理の業務は未経験であったため、本を買って学んだり、セミナーに参加したりと自ら勉強しました。「勤怠システム」についても同様で、イチから学んで対応したそうです。

小さな規模の会社では、何でも自分で手掛けないといけません。**「知らない、経験したことがない」という言い訳は通用しない**のです。

「文化や環境が違うところでは、それまで培ってきた専門的スキルや知識を応用しなければならないので、広がりができました」と田村さんは言います。

長い間、同じ環境で働いていると、その環境に埋没し、新しいことにチャレンジしづらくなります。すると、そこで成長が止まってしまうので、再就職をして新しい仕事にチャレンジするのもいいことだと思います。

ただ、再就職しても最初は上手くいかないケースもあります。入社する人、受け入れ側の会社、双方に問題がある場合もありますが、じつは最初に自分のやりたい仕事を選んでいなかったことが原因という場合もあります。

1章の事例1に登場した小林さんがこれにあたります。

前述したように、小林さんは、前職では人事部門での仕事経験が長かったので、再就職先を探す際も、人事部門の仕事を基準にしました。幸い70社目に、中小企業の建設会社で人事部門の仕事が見つかりますが、その会社は社長の権限が強く、社員の建設的な意見が通りにくい環境でした。

小林さんの前職は、経営者と社員が共に歩んでいく風土であったこともあり、小林さんは折に触れて上司に改善案を提案します。ところが、それが上司の反感を買うことにつながり、ストレスが溜まる日々を送るうちに、退職を決意することになったのです。

小林さんはこの会社を選ぶ際に「人事部門や処遇」にこだわっていましたが、それが間違っていたのではないかと思い始めました。仕事で大切な**「やりがい」「楽しさ」を犠牲にしたのではないか**と思えてきたのです。

そこで、次の就職先は、「やりたい仕事」を優先して選ぶことにしました。結果、小林さんが選んだのが、学校給食の調理員関係の仕事でした。小さい頃に家族と一緒にデパートに出かけ、食堂に行くことが大好きで、学生時代にはそこでアルバイトをした経験があったことを思い出したのです。

調理員をマネジメントする業務として採用されましたが、実際に現場で働くこともあり、前職と比較し本当に仕事が面白く毎日が楽しいということです。

こうして自分の専門性よりも好きなことを重視して上手くいくケースもあります。

このように、再就職先を選ぶ際のポイントは2つあります。

①自分の専門性や得意なことを活かす（田村さんの例）。

②自分の好きなこと、やりたいことを基準にする（小林さんの例）。

再就職先を探す方法は、就職サイトや人材紹介会社に登録するのが一般的です。ハローワークのインターネットサービスを使って探すのも王道です。

また自分に合った再就職先を選ぶ時の1つの方法として**「中小企業とのビジネスマッチング」事業を利用する**という手もあります。

東京都主催の「東京キャリア・トライアル65」という中小企業と65歳以上で就職先を探しているシニアをマッチングさせ、派遣をするプログラムがあります。

そこでは最初に就職相談を受けた後、キャリアカウンセラーが仲介して企業とのマッチングを行ない、双方が合意をすればトライアルで仕事を経験してもらうことになります。評価をされれば、そのまま就職が可能になります。

最近は65歳まで雇用を延長して働く人が多いので、この事業は65歳以上が対象です。このような事業や取り組みは、全国の各自治体などで企画されていますので、調べてみて利用されたらどうでしょうか。地区ごとの就職支援の窓口を少しご紹介します。

■自治体での就職支援への取り組み

◎ハローワークの「生涯現役支援窓口」

全国300カ所で60歳以上の方を対象に再就職への各種サービスを行なっています。「ハローワーク」×「生涯現役支援窓口」で検索し、お近くの窓口を探してください。

◎各都市でシニアのキャリア支援の窓口があります。

一部を表にまとめましたので参考にしてください。

自治体のシニア向けキャリア支援窓口

札幌市	シニアワーキングさっぽろ 札幌市就業サポートセンター
仙台市	生涯現役・生きがい就労支援センター ジョブ・スタ せんだい
東京都	東京キャリア・トライアル 65 しごとチャレンジ 65 東京シニアビジネスグランプリ 東京しごとセンター、プラチナ・キャリアセンター
横浜市	シニア・ジョブスタイル・かながわ
名古屋市	名古屋市高齢者就業支援センター なごやジョブサポートセンター
大阪市	OSAKA しごとフィールド、しごと情報ひろば 大阪市地域就労支援センター
神戸市	KOBE JOB PORT シニアのライフキャリア相談室 KOBE
岡山市	生涯かつやく支援センター
高松市	かがわ女性・高齢者等就職支援センター
広島市	広島市シニア応援センター
福岡市	福岡県中高年就職支援センター 福岡県生涯現役チャレンジセンター 福岡市シニア活躍応援プロジェクト
熊本県	くまジョブ

再就職の際に利用すると便利な主な検索サイトと人材紹介会社を紹介します。

■再就職検索サイト

◎リクナビNEXT

・転職者向けの総合求人サイトで、多岐にわたる業界の求人を提供。
・業界最大手の求人サイトで、豊富な求人数と詳細な企業情報が魅力。

◎マイナビミドルシニア

・40代以上を対象にした転職情報サイト。
・経験を活かせる求人が多く、年齢を重ねたプロフェッショナル向け。

◎doda（デューダ）

・豊富な求人数と充実したキャリアサポートを提供。
・転職エージェントサービスが充実しており、中高年層の転職支援が強力。

◎インディード（Indeed）

・世界最大級の求人検索エンジンで、日本でも多くの求人が掲載。
・検索機能が高性能で、多種多様な求人から希望に合う仕事が見つけやすい。

◎エン・ジャパン

・専門的なスキルや経験を活かせる求人が多数。
・経験と年齢を活かした職場を紹介し、シニア層に特化した求人も豊富。

■再就職のための人材紹介会社

◎パソナキャリア

・中高年層向けの転職支援が充実しており、各種セミナーも頻繁に開催。
・個別のキャリアカウンセリングが充実し、中高年の再就職に理解が深い。

◎シニアジョブ

・シニア専門の人材紹介サービスで、50歳以上の求職者が主な対象。
・経験豊富なシニア層のニーズに合わせた求人を提供し、再就職を全面的にサポート。

◎リクルートエージェント

・ミドルシニア向けに特化した就活支援サービスを提供。豊富な非公開求人を扱っている。
・専門的なキャリアアドバイスと多様な業界へのアクセスを提供している。

年齢別の働き方

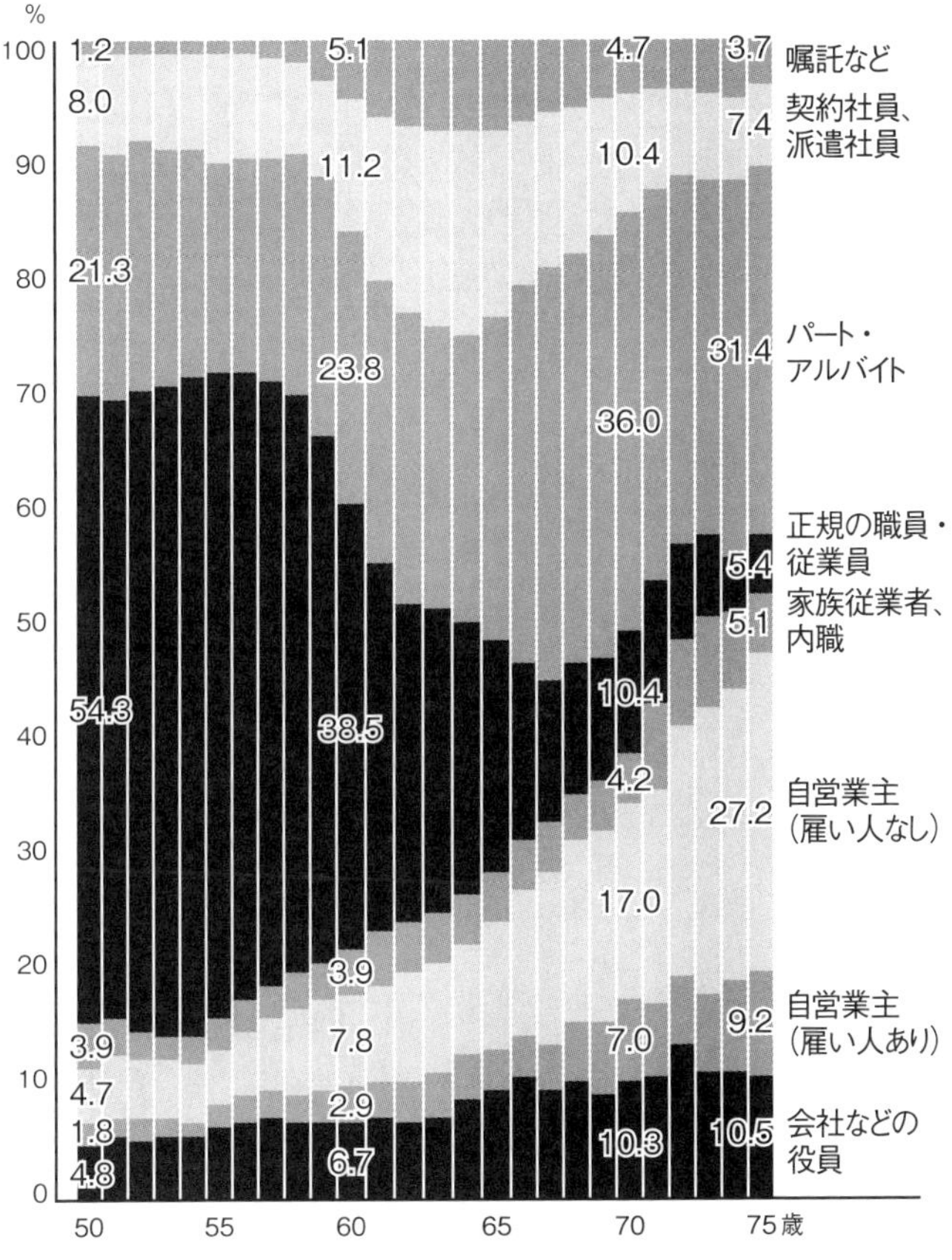

出典：リクルートワークス研究所「全国就業実態パネル調査」より作成

◎アデコ

・シニア層に対する支援に力を入れ、特に派遣や正社員としての再就職の機会を提供している。

・柔軟な雇用形態や豊富な業界の求人がある。

◎Doda（デューダ）

・幅広い年齢層を対象としているが、シニア層に特化した求人も扱っている。

・業界別の専門アドバイザーが、個別のキャリア形成支援をしている。

13 公務員への道……じつは、年齢制限がなく、門戸が開いている

60歳からの仕事探しは、みなさん多かれ少なかれ、苦労をされています。

介護、清掃等の人材が不足している仕事は求人が多く、就労することは比較的やさしいとは思いますが、ご自身が希望する仕事となるとなかなか難しいのが現状です。

多くの募集要項などには年齢不問と書かれていますが、実際は若い方を優先されるように思います。もちろん、就職活動を継続して、希望の仕事に就いた方もいらっしゃいますので、覚悟を決めてチャレンジすることは素晴らしいと思います。

そんな中、ハローワークや東京都で就職活動を支援している「東京しごとセンター」の方から「シニアにとって穴場と言える方法」を教えてもらいました。

それは「**官公庁への募集枠に応募する**」という方法です。

調べてみると官公庁への任用職の臨時募集が定期的に行なわれています。県庁、市役所、東京で言えば都庁、区役所、各省庁、公の行政法人などからの募集です。

いろいろな職種がありますが、「一般事務職」と「専門職」に分けることができます。一般事務職はパソコンへの入力作業や決められた補助作業などです。専門職はIT周りの仕事、広報など数多くあります。**選ぶなら専門職**で今まで培ってこられた知識・スキル・経験が活かせるほうがやりがいにつながるでしょう。

自身のスキル・知識がどれだけ通用するか、不安をお持ちの方もいると思います。実際に経験されたシニアの方にお聞きすると、「**充分通用する**」と言います。

公務員の方は優秀だと思いますが、部署を定期的に変わるので一つの専門分野を長期間、掘り下げることが難しい事情があります。その点、民間の会社では、一つの部署で長く働くことが多く、様々な知識、スキルを習得できるので、その分野の専門性は高くなります。

1章に登場した望月さんは、長年マーケティング関連の会社で社長秘書をしてきました。現在、都庁の**会計年度任用職員**として働いていますが、社長秘書として培われた対人関係の調整力や交渉力、時間管理術がずいぶん活かされているそうです。

ちなみに、望月さんの契約期間は最初の部署は1年限定契約でしたが、次の部署ではその能力を評価され、「継続してほしい」と引き続きお仕事をされています。

別の事例を紹介しましょう。

首都圏の役所の会計年度任用職員で採用された小池秀和（62歳）さんは、地元の中小企業や商店街を相手にコンサルティングを担当しました。実態としては、コロナ対策や経営に関する補助金などについて説明して回ることが多かったそうです。もともと広告代理店でお仕事を長くされていたので、「わかりやすく伝える」ことに関しては高いスキルをお持ちでした。実際に、小池さんが商店街への通知文を新たに作成したところ、商店街の方々から「とてもわかりやすい」と高い評価を受け、大変喜ばれたそうです。

このように、民間の会社で培った知識・スキルはご自身の想像以上に活用することができるため、官公庁で活かしてみるのも一つの方法と思います。

なにより、**本当の意味での年齢制限がない**ことが、シニアの就職活動にとってありがたい選択肢になっています。採用された後は、**定期的に募集されている他部署の情報をキャッチしやすい**ので、その点も有利です。1年間の雇用契約で働いていたとしても、他部署の募集に注意していれば、再び、チャンスをつかむことができるのです。

では、実際にどこで募集を見つけるかですが、公務員募集だからこそ募集が公にされるので、ハローワークで探すことができます。ハローワークに行かなくても誰でも「ハローワーク インターネットサービス」で検索できます。以下の手順で見てください。

「ハローワーク インターネットサービス」検索手順

トップページから「仕事をお探しの方」をクリック。

⬇

「求人情報検索」をクリック。

⬇

「求人情報検索・一覧」の基本検索条件にある「求人区分」「就業場所」などの情報を入力し、さらに、「フリーワード」欄に「行政」か「公務員」と入力する。

⬇

今募集中の公務員関係の仕事がリストアップされます。

東京しごとセンターにはシニアコーナーがあり、公務員を抜き出したファイルを閲覧できるので見つけやすいです。各地域でも、公共機関のホームページなどから探してください。県、市からのお知らせなどにも注意すれば見つけることができます。

14 小さな独立……「自分の好きなこと」を仕事にする

定年後は雇用関係から抜け出し、「独立する」という選択肢があります。

雇用から外れることで得られる自由は、何事にも代えがたいものと言われています。長年生活の糧として会社で働いてきたのですから、定年後は自分がやってみたいことにチャレンジしてみるのもいいのではないでしょうか。

近年、定年後すぐに独立、あるいは起業する人が少しずつ増えてきています。

独立と起業はよく似ていますが、実際にはいくつかの違いがあります。

独立は、**会社や組織と雇用契約を結ばず、自分自身の力で生計を立てる**ことを意味します。フリーランスとして働いたり、個人事業主として開業するケースがあります。

独立することで、自由を手に入れることができる一方で、毎月の固定給がなく、自身で仕事を見つけていく必要があります。

起業とは、法人を設立し事業を立ち上げることを指します。起業家は、新しいアイデアやサービスを市場に提供し、そのビジネスを通じて利益を生み出そうとします。起業には、事業計画の立案、資金調達、チームの組織化、製品開発、マーケティングなど、多くのステップが必要とされます。リスクが高い反面、成功すれば大きな報酬を得る可能性があります。

独立は**個人が自由を求め自立を目指す**ことが多く、**比較的小規模な活動**に留まることが一般的です。一方、起業はビジネスの成長と拡大を目指し、より大きな規模の事業を展開することが目標です。独立は比較的リスクが低いですが、収入も不安定で限られることがあります。起業は高いリスクを伴いますが、成功すれば大きな報酬が得られる可能性があります。

長年シニアの起業支援に携わってきたキャリアコンサルタントの方にうかがったところ、定年後に独立・起業される人は、一人で始める方が多く、飲食関係や人に教えることを生業とする方が多いということです。

飲食関係としては、こだわりのあるカフェや小さな飲食店などが多いようです。また、「マニュアルがあるから安心」という理由から、フランチャイズのお店を選ぶ方もいるそうです。

長いサラリーマン時代の経験を活かし、自分の専門分野や得意なことを**セミナー・研修講師として人に教える**人も多いようです。人事、人材育成、リーダーシップ、コミュニケーション、会社経営、物販、料理など、その分野は多岐にわたります。

また、顧問・コンサルタントとして会社を支える人もいます。

研修講師や顧問などは、オンラインのマッチングサイトに登録しておくと便利です。たとえば、講師紹介サイト「スピーカーズ」などに講師登録をしておけば、閲覧者から依頼が入ることもあります。

ただ、セミナー・研修講師や顧問、コンサルタントなどは、**信頼する人からの紹介で決まるケースが多い**ため、日頃の人間関係が大切になります。キャリアコンサルタント、社会保険労務士、ファイナンシャルプランナー、コーチングなど資格を取って独立する方も多いようです。

ここで一つ、興味深い事例を紹介しましょう。

小、中学校の校長先生をしていた塚越敏典さん（66歳）は、定年後、地元の美術館の仕事を紹介されました。しかし、日頃から子どもたちに「チャレンジしなさい」と言っていた自分の現状に疑問を持つようになります。そして一大決心のもと起業をして、**クラフトビールの小さな工場を造ることにした**のです。

塚越さんは、地元愛があふれている方で、故郷である結城市にクラフトビールがなかったことから、「それなら自分が作ってやろう」と未知の世界に飛び込んだのです。

きっかけは、友達と行ったビール工場の見学会で、ビール作製キットで作ったビールが、人から「おいしい」と言われ、興味を持ったということです。

いざ、始めてみたものの、実際のビール醸造は大変で苦労の連続でした。「最初に知っていたらやらなかった」ほどだそうですが、軌道に乗った今、振り返ると、「**やってよかった**」と言います。

自分のアイデアがビールという形になっていくことがとても嬉しいそうです。教員時代には考えられない経験と人脈ができ、決断して良かったと言われていました。

長年、サラリーマンとして上司の指示を受けてきた多くの方が、定年後、自分の思うように生きている塚越さんの姿に、共感を覚えるのではないでしょうか。

■「オンライン副業」でプチ独立を準備・経験する

ここ数年、インターネットのサイトを使って**副業**をする人が増えてきました。現役時代から副業として取り組みやすく、上手くいけばそのまま本業としてやっていくことも可能なので、**定年後の働き方として有力な選択肢**の一つになります。

いきなり独立するのではなく、現役時代に練習として副業を始めて、定年などの節目の時に、本格的に本業として行なうのも良い方法です。最近は60歳以降の独立に備えて、現役時代から副業に取り組んでいる方も増えています。

また、自身の専門知識・スキルをもとに、副業で中小企業支援やインターンシップという形で参画するケースも増えてきました。それを仲介するオンラインサイトには、「サンカク」などがあります。

さらに、最近は「ビザスク」と言って、企業が商品発売前に必要なマーケティング調査や専門家の意見を聞く目的で話を聞くサイトがあります。それに応募して、報酬を得ることもできます。

オンライン上のサイトを利用すれば、簡単に副業を始めることができます。たとえば、オンライン上のサイトに自分のお店や会社、学校を作り、そのサイトに訪れるお客さんに自分の商品やサービスを提供して報酬を得ることができるのです。

この方法は**全国どこにいてもでき、設立資金もかからず、途中でやめても問題ないので、気軽に始められる点がメリット**です。

ここで代表的なものを紹介します（詳細は106ページの表を参照）。

【売る】

オンライン上に自分のお店のコーナーを作り、そこで商品を売ります。値段や商品説明は自分で行ないます。サイトの運営会社に手数料を払いますが、手順通りに手続きをすれば、簡単に利用できます。

メルカリ、メルカリショップ、BASE、minne（ミンネ）、Creema、eBayなどがあります。「メルカリ」は個人が利用するもので不用品を簡単に売ることができます。個人事業主や会社で商品を販売するために「メルカリショップ」もあります。

【教える】

オンライン上に自分の教室の申し込みページを作ることができます。開催日時、値段、教える内容などを告知します。ZOOMなどを利用してオンラインまたはリアルで開催します。

有名なのは「ストアカ」で、自分の得意なテーマの教室を作ることができます。参加費の一部は手数料となりますが、参加費の回収もしてくれるので、すぐにでも教室を作ることができます。「Peatix」でも同じようなことができます。

【相談する】

オンライン上で人間関係、心の悩み、恋愛、キャリア、子育てなど幅広く相談を受けることができます。ココナラ、タイムチケットなどがあります。

【代行する】

個人のスキルをオンラインで気軽に売り買いできます。動画制作・資料作成・ＳＮＳ運用、画像作成などＷｅｂスキルを活かしたサービスの需要が高まっています。ココナラ、ANYTIMES、クラウドワークス、ランサーズなどがあります。

【知識を売る】

自分の知識を売ることができます。シニアは誰もが数多くのスキル・知識・経験を持っているので、アウトプットしてみてはいかがでしょうか。代表的なものにNote、Brainなどがあります。

	サイト名	解説
相談する	ココナラ	個人が持つ特技や専門知識を活用して、アドバイスやコンサルテーションを提供するプラットフォーム。法律、ビジネス、健康、趣味など多様な分野での相談が可能です。
相談する	タイムチケット	時間単位で知識やスキルを売買できるサービス。教育、キャリアアドバイス、趣味など、様々なジャンルの専門家が時間を提供し、相談を受けつけています。
代行する	ココナラ	スキルや知識を持つ個人が、それらをオンラインで販売できるプラットフォームです。デザイン、ビジネス相談、ライフコーチングなど多岐にわたるカテゴリーがあります。
代行する	ANYTIMES	様々なプロフェッショナルサービスを時間単位で提供するプラットフォーム。ユーザーは必要な時に即座に専門家からサービスを受けられます。
代行する	クラウドワークス	フリーランスや個人事業主向けの大手クラウドソーシングサービス。ウェブ開発、ライティング、グラフィックデザインなど、幅広いジャンルの仕事があります。
代行する	ランサーズ	日本最大級のクラウドソーシングサイトで、デザイン、ライティング、マーケティングなどの仕事をフリーランスが受注可能。企業と個人がダイレクトにやり取りできます。
知識を売る	Note	クリエイターや専門家がオリジナルコンテンツを公開し、収益化できるプラットフォームです。記事、写真、イラストなど、多様なフォーマットで情報を共有できます。
知識を売る	Brain	知識共有と教育を目的としたオンラインプラットフォーム。専門家が自分の専門知識や経験を記事やビデオで共有し、ユーザーはそのコンテンツを購入して学べます。

「オンライン副業」の選択肢も豊富!

	サイト名	解説
売る	メルカリ	メルカリは日本最大級のフリマアプリで、個人間で様々なアイテムを売買できます。使いやすいインターフェースで、手軽に商品を出品・購入することが可能です。
	メルカリショップ	メルカリの派生サービスで、小規模な店舗でも簡単にオンラインショップを開設し、商品を販売することができます。個人事業主や中小企業に適しています。
	BASE	初心者でも簡単に開設できるプラットフォームです。カスタマイズが容易で、多様なデザインテンプレートを提供しており、手数料も低めに設定されています。
	minne	手作り品やオリジナルグッズの販売に特化したマーケットプレイス。アーティストやクラフト作家が個性的な作品を展示・販売できるプラットフォームです。
	Creema	日本国内のクリエイターが中心のオンラインマーケットプレイス。独特なアート作品、手作りアクセサリー、ファッションアイテムなど、ユニークな商品が豊富に揃います。
	eBay	世界的に有名なオンラインオークションサイトで、多種多様な商品が国際的に売買されます。個人から大規模販売者まで幅広く利用されており、国際的なリーチが魅力です。
教える	ストアカ	個人が講師となり、様々な分野のクラスやワークショップを提供します。料理、プログラミング、芸術など、多岐にわたる講座が用意されています。
	Peatix	イベント主催者がオンラインでワークショップやセミナーなどを簡単に公開、管理できる。教育や趣味、文化イベントまで幅広いカテゴリーのイベントが開催できます。

15 社会貢献……「世のため、人のため」に働いてみる

シニアになると、人や社会のために貢献したいと思う人が増えるようです。

仕事以外に、ボランティアやＮＰＯ活動を通じて、**社会貢献活動**に取り組んでみるのもいい経験になるのではないでしょうか。

現役時代から始めるのもいいですし、退職後、経済的に少し余裕がある場合は、それをメインに取り組んでみるのもいいでしょう。

退職前は休日（土・日曜日）か、仕事が終わってからの活動になりますが、現役時代から始めておくと、**退職後のキャリアの選択肢が増え、会社と違う居場所作り**にもなります。

とはいっても、具体的に社会貢献する対象が決まっている人は少ないと思います。「漠然と人のためになることをしたい」とか「災害の報道を見て何か役に立てることはないか」とか思いますが、実際どのようにすればいいか、それを知るきっかけがわ

からないと思う人が大半と思います。

ボランティアを始めたいと思ったら、まずどのような団体があるのか知ることがきっかけになります。

たとえば、「東京ボランティア・市民活動センター」のWebサイト「**ボラ市民ウェブ**」の「情報を探す」から多面的な情報を入手できます。ボランティア募集、インターン・スタッフ募集から実際の募集案件が見られます。寄付・募金をしたい人はその項目もまとめられていますし、募集中のイベント、講座も見ることができますので便利です。

そうした情報から自分の関心のあるものをピックアップして、行動を起こしてみることから始めてはいかがでしょうか。

スタッフの方にお聞きしたところ「まずはイベントに参加し、興味のある単発のボランティアに参加してみる。そして自分に合いそうかどうか体験してみてから、日常のボランティアとして始めると間違いないのでは」とアドバイスされました。

ボラ市民ウェブは東京地区を対象としていますが、全国の各自治体も同様のサイトで開設されていますので、お近くの自治体のサイトを参照してみてください。

次に、ＮＰＯ活動について触れたいと思います。

ボランティアは個人が自分の意志で、報酬をもらわずに社会のために行なう活動です。一方、NPO活動は**非営利団体（NPO）**が行なう、社会の問題を解決するための活動で、特定の目的のために組織され、その目的達成のために活動しています。

NPOはお金を稼ぐために存在するのではなく、ある社会的な目的を達成するために存在しますが、組織を運営する上で、スタッフや従業員に対して給与を支払うことが許されています。最近ではNPO活動をコミュニティビジネスとして**ビジネスと社会貢献活動を組み合わせた形**で活動されているケースも増えてきました。

NPO活動を通じて、年金プラスアルファとしての報酬を得るのは良いのではないでしょうか。

NPO活動の入り口としては、課題の解決から入る場合が多いようです。

たとえば親の介護の経験から、車いすの移動をしやすくするために、駅などの公共施設にエレベーターを設置する活動をするケースです。

趣味から入る場合もあります。たとえば、歴史が好きな人が地域おこしの一環として、地域に眠っている文化財の発掘をする活動に発展していくケースです。

ほかにも、「子ども食堂」のように子どもに無償で食事を提供したり、「引きこもりの若者を支援する会」など、若者をサポートする活動などもあります。

これらの活動は好きなことや興味のあることから始めるのが、継続する秘訣のようです。もちろん、小さなことからで構わないのです。ごみ拾いに気をつけていた人がそれがきっかけで環境課題に興味を持ち、解決に奔走されるケースもあります。

まずはやってみることが大切です。やっていくうちに、最初はそうでもなくても、段々興味が出てくるようです。

長年ボランティアのサポート機関で働いてきた方に、NPOとシニアの関係についてインタビューをしました。

実際にシニアの方がNPOで働いているのか聞いてみると、意外に多いそうです。その理由として、**シニアの方は即戦力になる**からだそうです。

NPOの場合、資金が多くないので、経済的に多少ゆとりのある50歳以上が多いようです。また、会社のように新人を採用して育成するような余裕がなく、すぐにいろいろなことに対応できる人が必要になります。社会人としてのルールや常識を持っていて、加えて仕事の手続き、難局への対応力、関係者への交渉力なども持った人が理想だということです。

30数年のビジネス経験があるシニアの方が重宝されるゆえんです。

NPOが人を求めるのは、基本的に欠員を補充する時です。その点、シニアの方は時間の自由もありますので、その穴を埋めやすいという利点もあるそうです。

シニアは「求められている人材」だということです。

1章の事例でご紹介した金子さんは、定年を意識しだしたころからNPO活動に関わってきました。きっかけはご自身の趣味であるマラソンでした。ある大会に参加をした際の主催者がNPO法人だったのです。

そのNPO法人は、アフリカで学校に行けない子どもたちのために、参加費の利益を学校設立の費用に充てていました。金子さんは、大会に参加するうちにその考えに共感し、ご自身がNPO活動に参加するようになったのです。

現在、お仕事をしながら活動をされていますが、**退職された後は、継続して活動できるので、楽しいセカンドキャリアを送ることになりそう**ですね。

社会貢献活動の大きなメリットとして、活動によって幸福感を得られることが挙げられます。心理学や社会科学分野で研究されている「ヘルパーズ・ハイ」と呼ばれる現象です。他人を助ける行為が幸福感、満足感などの肯定的な心理状態を生み出すというものです。

　このように、生涯現役で活動したいと思っている人は、社会貢献活動を組み入れることで社会的な関わりを保てます。孤独解消になり、目的を持て、心理的にも健康を維持できる有意義な活動と言えます。シニアの方には適していますね。

　ＮＰＯを探す際は「内閣府ＮＰＯ法人ポータルサイト」が便利です。このサイトは法人を対象にしています。

「内閣府ＮＰＯ法人ポータルサイト」
https://www.npo-homepage.go.jp/npoportal/

　ＮＰＯは種類が多く法人格のないものも入れるとかなりの数になります。まずはこのサイトや地域の自治体のホームページから探してみましょう。

16 農業を始める……まずは「農業体験」から始めてみよう

最近は、環境問題や自然災害などから、**自分の食料は自分で調達したいと農業に興味を持つ方が増えています。**

ただ、実際に体験をしてみて案外キツイことを知り、断念する人もいると思います。そこで、農業に少しでも興味をお持ちでしたら、近くの農家で体験したり、農業イベントや農業インターンシップに参加してから考えるのがいいと思います。

今は農業従事者が減少し高齢化も進んでいることから、新規就農者はとても歓迎されます。行政も農業関係のイベントを継続的に数多く企画実施しています。

いくつかご紹介しましょう。

【農業体験をする】

「市民農園」と「農業体験農園」の2つの種類の農業体験があります。

・**市民農園**

住民が自分の食べ物を栽培するための小さな区画を借りて野菜や果物、花などを育てることができます。この農地は自治体や農協、農家などが貸し出しています。

ここでは自給自足の趣味や、都市部での緑のスペースを楽しむために利用され一般的に長期的に借りることができ、個人の責任で管理します。このような農園は、ヨーロッパ諸国では古くからあり、ドイツではクラインガルテン（小さな庭）と呼ばれています。「市民農園」で検索すれば見つかります。

・**農業体験農園**

農業体験農園では、一日体験や短期間のプログラムが企画され、種まき、収穫、農作業の体験ができます。農業に関心がある人なら誰でも参加できます。教育的要素が強く、農業に対する理解を深めたり、家族やグループでの活動として利用されることが多いです。「農業体験農園」で検索すれば関連したサイトが見つかります。

【スポット体験をする】

東京都農林水産振興財団が支援している「とうきょう援農ボランティア」のサイ

トを見ると、体験内容とか体験時の心得とか様々なことがわかります。実際にお手伝いを募集している農家さんの募集内容を見たり申し込みもでき、気軽に参加できます。

東京以外の地区を調べる際は、市では「農業委員会」、都道府県では「農業会議」で検索して調べてください。地区の市役所やＪＡでも情報は収集することができます。

【インターンシップを体験する】

日本農業法人協会は就職先として農業という業界を知ってもらうことを目的にした公益社団法人で、就業体験の情報を得ることができます。

【就農する】

就農については「農業ナビ」「あぐりナビ」等で検索することができます。

定年後にサラリーマン時代には縁遠かった農業に関わることは、違う世界をのぞいてみるという点でセカンドキャリアを充実したものにするきっかけになると思います。セカンドキャリアの一つの選択肢として考えてみたらいかがでしょうか。

3
章

そもそも「あなたに合う仕事」って何？

17 その仕事は「好き・できる・役立つ」を満たしている？

この章では、本当に自分に合う仕事を見つけるための質問をご紹介します。

質問に答えていくことで、次第にあなたに合う仕事が明らかになるでしょう。

仕事を選ぶ時には何らかの基準が必要です。若い時は、多くの人が「給与」を基準にしたと思います。しかし、定年後はその基準も少々変わります。**より自分らしい働き方ができる基準が望ましい**と思うのです。そのほうが「**より楽しく、より働きやすく、より幸せ**」だからです。

定年後の仕事選びには、次の3要素を満たしているかを問いかけたいと思います。

①好き
②できる
③役立つ

シニアの仕事は「3つの要素」で選ぶ

シニアの仕事3要素

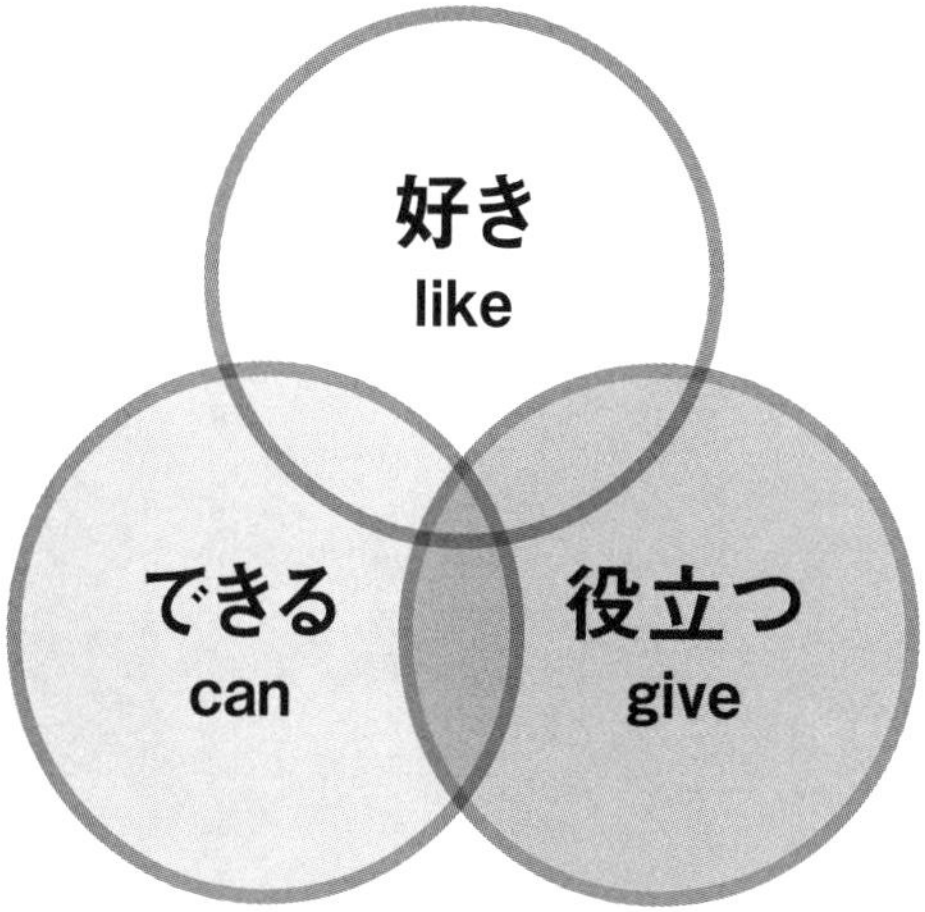

チェック① その仕事は好きですか？

定年前は、「好きな仕事をする」というより、「組織のために与えられた仕事をこなす」というほうが現実的でしょう。生活のために働いている部分が大きく、複雑な人間関係にさらされ、ストレスも溜まります。とはいえ、定年後に比べれば、給与も高いのでそれも致し方ありません。

しかし、定年後は住宅ローンや子どもの教育費などの負担が軽減するため、収入はそれほど必要ではなくなります。その分、自分の好きな仕事を選びやすくなるのです。好きな仕事でなくても、仕事を短時間で済ませ、余った時間を自分の好きな趣味や活動に使うこともできます。

仕事を選ぶ際には、規模の大小でなく、**「好きな仕事か」「楽しいと思えるか」**を自分に問いかけてみてください。

なぜ、好きかどうかが重要かというと、「好きな仕事は継続する」からです。

現役時代と違い、定年後は「生活のため」という足かせがとれるので、嫌な仕事だったらすぐに辞める人が多くなります。実際、大企業を定年退職して中小企業に再就職したシニア社員が、嫌なことがあると数週間で辞職するケースもよくある話です。

定年後は、好きな仕事でないと続かないのです。

とはいえ、なかには「シニアには好きになれる仕事なんて残っていないよ」と思われる人もいるでしょう。たしかにそういう面もあるでしょう。ところが仕事の捉え方次第でそれも変わってきます。その方法は2つあります。

1、仕事の進め方・プロセスを自分の好きなやり方で行なう。

「マンション管理人」を例に考えてみましょう。もし、仕事が単調で面白くないと思ったとしても、仕事を効率化して時間を作れば、住人が喜ぶ改善策を考えたり、住人とコミュニケーションをとって会話を楽しむとか、いろいろな工夫ができるわけです。

2、仕事に意味づけして人に喜んでもらう仕事に変換する。

「家事代行サービス」といって自宅などを訪問して料理、掃除、洗濯などを代行する仕事があります。この仕事を単なる家事という意識でなく、依頼人に喜んでもらえる、つまり、人を幸せにする仕事をしているのだと意味づけをするのです。

この考え方は「ジョブ・クラフティング」といって、モチベーションを高める考え方として注目されています。7章で詳しく紹介します。

家事代行サービスを例として挙げましたが、どんな仕事でも同様に仕事の意味づけを変えることで、好きに変換することができます。

チェック② その仕事はできますか？

「できる」とは、仕事を得るための基本的な要素です。できることが多ければ多いほど、たくさんの仕事を依頼されます。

「できる」は言葉を変えると「強み」になります。自分の強みを自覚し、その強みが人からお願いされるレベルのものかどうかを考えてみましょう。

自分の強みを知る方法は4章で詳しく紹介します。

チェック③ その仕事は人の役に立ちますか？

シニアになると人の役に立ちたいとか、社会の役に立ちたいという気持ちが高まってきます。次の世代に継承したいという思いから起こるのかもしれません。

自分が培ってきたことを若い世代に伝えたいという気持ちも高まります。人を育成したいという気持ちもそれに関係しているのかもしれません。

シニアの仕事は収入を得るだけでなく、人の役に立つという要素があると充実したものになります。

心理学に「**返報性の法則**」というものがあります。人から何かをしてもらったら、相手に返したくなる心理のことです。人の役に立つことをすれば、必ず何らかの形で返ってくるということです。

シニアは孤独がリスクになります。人に役立つことをすることは、そこに人としての温もりが生まれるので望ましいことです。仕事を選ぶ際に、人や社会に役立っているかを視野に入れるといいでしょう。

18 その仕事は「自分の価値観」に合っている？

次は、「自分の価値観に合っているかどうかで仕事を選んでいるか」という質問を投げかけたいと思います。

なぜかと言えば、20代から40代の仕事は、好むと好まざるとにかかわらず、生活のために仕事をするものです。いわゆる生きるための「ライスワーク」と言えます。

しかし定年の声を聞く頃には、**お金よりも自分の「生きがい」**に目を向けるようになってきます。平均寿命が長くなってきたとはいえ、自分の周りで病気になったり、なくなったりする方を目にする機会が増えます。必然的に、改めて自分の人生と向き合うに違いありません。

そもそも「価値観」とは、自分が大切にしている考え方のことです。

たとえば、「家庭を大切にする」「お金持ちになる」「楽しく生きる」「自由を大切にする」「論理的に考える」「人に優しくする」「人とのつながりを大切にする」「安定した生活をする」などなど、数え上げればきりがありません。

ちなみにリクルートワークス研究所「シニアの就労実態調査」(55歳〜74歳の男女8000人対象)によると、現在の日本人が働く上で意識する価値観は、次の6つにまとめられるそうです。

「他者への貢献」「生活との調和」「仕事からの体験」「能力の発揮」「体を動かすこと」「高い収入と栄誉」の6つです。

この中でシニア世代は「他者への貢献」「生活との調和」に高い意識を向けると満足感を得られやすいと指摘されています。高い収入や栄誉よりも、人や社会の役に立ちたいと思う人が多くなるのです。また、毎日の生活を充実させることが大切で、そのために無理のないペースで働き、職場が快適であることが求められます。

価値観は自分の心の中にあるものですが、改めて考えないと気づきにくいものです。仕事をしていても「どうもしっくりこないな」と思う時は、もしかして価値観に沿っていないのかもしれません。

では、自分の価値観は何だろうかと考える時にわかりやすい方法があります。

その方法とは、たとえば今55歳だとして、少し先の将来、たとえば75歳に「どんな自分になっていたいか」を考えてみるのです。

「たくさんの子どもや孫に囲まれて笑っている自分でいたい」とすれば、その人の価値観は「家庭を大切にする」です。「充分な貯えがあり余裕のある生活をして、子どもたちにも財産を譲れる自分でいたい」なら「お金持ちになる」でしょう。

また、「多くの人を喜ばせることができる自分になりたい」なら「人に優しくする」と言えます。英語で言えば今すぐすること「What to do」を考える前に、まず**どんな自分でいたいか「What to be」を考えてみる**のです。

新しく仕事を考える際に、この価値観に合っているかどうか、少しでもこの価値観に当てはまる部分があるかどうかを考えてみてください。

価値観が「人を大切にする」なら、人を育成する仕事や人に教える仕事、または介護に関する仕事が合っているかもしれません。「お金持ちになる」なら、お金が稼げる仕事が合っているでしょう。「自由な時間を大切にする」なら、自分のペースで進められる、フリーランスのような仕事が向いていると思います。

価値観は人それぞれです。人から見たら大変そうでも、その人の価値観に合っていればその人は幸せなのです。一度自分の価値観は何か問いかけてみてください。

定年後は、どの「価値観」を重視する？

①他者への貢献	人の役に立てる、社会の役に立てる。人のための活動を通じ自己満足感を得る。
②生活との調和	無理なく仕事ができる。 快適に仕事ができる。 毎日働くことで生活にリズムがつく。 気の合う仲間と一緒にいる。
③仕事からの体験	わくわくするような体験を仕事から得る。 いろいろな人との交流の場が持てる。 いろいろな種類の活動をする。
④能力の発揮	自分自身の専門性を高める。 自分の能力を活かせる仕事をする。 自分の能力を高める仕事に就く。
⑤体を動かすこと	体を使って仕事をする。 仕事は体を使うもの。
⑥高い収入と栄誉	昇進できること。 高い収入を得ること。 大きな意思決定ができるような権限、権威を持つこと。

出典：リクルートワークス研究所「シニアの就労実態調査」

19 その仕事は「自分のペース」でできる？

60歳を境にして就業形態が正社員から契約・嘱託社員に変更する場合が多く見られます。

2019年の労働政策研究・研修機構の「60代の雇用・生活調査」によると、60歳から64歳までの雇用形態は正社員26・4％、契約社員・嘱託社員は31・8％、パート・アルバイトは34・6％です。

また65歳から69歳の雇用形態は正社員14・6％、契約社員・嘱託社員は26・7％、パート・アルバイトは49％です。

この調査に見られるように、60歳以降は60歳以前と比較して就業の選択肢が増え、多くの時間を会社に提供するスタイルから**自分のペースで働くことにシフト**してきているのがわかります。

自分がやりたい仕事に就き充実している場合は、今まで通りフルタイムで働くのもいいでしょう。収入も安定しています。

ただ、一定以上の収入を得るためには正社員でいるほうがいいかもしれませんが、引き換えに自分の自由になる時間は少なくなります。一方、収入は減るかもしれませんが、パート・アルバイトは自分の裁量時間を増やすことができます。

どちらが良いかは個人によって違うでしょう。もちろん正社員として期待を受けて何歳になってもその能力を活かし、バリバリ現役で働くことは素晴らしいことです。

一方、生活を重視し、無理なく稼ぐということでしたら、むしろ自分のペースで働くほうが、ストレスも少なく、空いた時間で好きなことができるメリットもあります。

60歳以降は、自分の時間が増えることは非常に大切になってきます。

長い間のサラリーマン生活で多くの時間を会社にとられ、やりたいことも我慢してきたという思いをかかえている方は多いでしょう。なかには、本当にやりたいことが何であったかさえ忘れてしまっている方も多いことかと思われます。

せっかく、生活のため、家族のため、子どものために一生懸命働いてきたのですから、**60歳以降は本当にやりたかったことに力を注いでいい**のではないでしょうか。

それを可能にしてくれるのは時間です。正社員以外の選択肢をとることで、その時間を得ることができます。

その**時間を残りの人生に使うことで本当の自分らしい働き方、生き方ができる**と思います。

たとえば、横浜に長年住んでいた黒田さんは、定年後の時間を自分のやりたいことに使うため、大きく舵を切られた一人です。

黒田さんは、大手IT企業で働いてきましたが、60歳の定年を前に早期退職をされました。その理由は昔から興味を持っていた日本の歴史や文化に関わる活動をやってみたいと思ったからです。それも古代から大陸との交流が深い九州北部でやってみたいとの思いがありました。

退職前の仕事は給料も安定していて、それなりにモチベーションはあったそうです。

しかし、かねてより**自分が「したいこと」「好きなこと」に時間を使い、思いを温めることは大切**と思っていました。その思いが定年を前にして募り、地方への単身移住を決意したのです。

偶然、ネットで福岡県久留米市の東京事務所があることを見つけ、仕事の相談をしたところ、「田主丸」という地区での「地域おこし協力隊」を紹介されました。応募したところ無事採用になり、黒田さんのセカンドキャリアがスタートしました。

最初は今までとまったく異なる仕事なので不安はありましたが、神社の神事伝統行事をはじめ、多くの歴史文化を知るうち、その魅力を多くの人にアピールしていこうとモチベーションが高まってきました。

様々なところを訪ね、様々な人と話すことで、「隠れていた歴史」に出会い、地域の方とのつながりもでき、都会に住んでいては絶対体験できない高揚感を覚えるようになりました。

黒田さんは自分の好きなことを、自分のペースで仕事をすることで、新しい出来事や出会いが起こってきました。

定年後は自分でコントロールできる時間が増えるので、その時間をどのように使って仕事をすれば満足度が高くなるのか、自分に合った働き方を探すために一度ゆっくり考えてみましょう。

20 定年後は「雇用」を選ぶ？「独立」を選ぶ？

定年を迎えるにあたっては、このまま再雇用の道を選ぶか、違う会社に移るか、または思い切って独立するか、という選択を迫られることになります。

2章でも述べたように、多くの方は同じ会社での再雇用の道を選ばれています。

また、先輩や知人の紹介があれば再就職される方も多いと思われます。

いずれも「雇用」という形態で今までどおり雇われて仕事をするので、**多くはそのままスムーズに移行**できます。

再雇用の場合、給与は半分から三分の一になるケースも多いですが、年齢的には教育費や住宅ローンなど大きな支出も少なくなってくるので、何とかやっていけます。

65歳までは雇用が安定するので、定期収入があり安心です。

安定を好まれる方にとっては、再雇用を選択するのも良いと思います。

65歳以降はパート・アルバイトで働く場合、雇用とはいえ自分のペースで働けるメリットがあります。生活はもちろん、趣味やボランティア活動を充実させるためにも、無理なく稼ぐという意味で好ましい選択といえます。

また、働くことで規則正しい生活が習慣化するので、健康面でもプラスに作用します。働く中で人との交流も生まれ、通勤で体を動かすので運動にもなります。健康寿命を延ばす意味でも良いことです。

一方、雇用されるのは嫌だと思われる場合は、独立の道を選択するのがよろしいかと思います。

多くの方は新入社員から会社に入社して60歳に定年を迎えるとして、約38年間サラリーマンとして雇用される立場であったと思います。

社長を除いて他の社員は全員上司がいるので、100％自分の思い通りにはいきません。多くの方は上司との人間関係に苦労をされてきたことでしょう。ストレスが溜まり、自分が素晴らしいと思う提案を提出しても、会社の都合で却下された経験も多くあったことと思います。そんな時は「会社を辞めたい」と思ったり、「人に雇われるのでなく独立したい」と思われたことも一度や二度ではなかったでしょう。

それでも、**何となく定年まで過ぎてしまったという方が大半**と思われます。

たしかに、家族の生活が懸かっている時にはリスクを負って独立するのは難しかったと思います。しかし、定年後は収入源として「年金」が確実に入ってきます。また一定額の退職金も入ってくるでしょう。住宅ローンや教育費はピークを過ぎてくるので思ったほど支出は少なく、ある程度の収入があれば生活できるめどが立ってきます。

ある意味、**安定した生活環境ができるので、思い切って雇用から外れるのも一つの手**となります。雇用から外れることは「独立」「起業」ということになりますが、大きく投資してビジネスを展開するわけではなく、一人で自分の強みや得意分野で稼いでいくのであればリスクもかなり少なくなります。

収入は大きくは望めませんが、自分の思うように仕事をすることができます。いわゆる「一人社長」で、自宅を事務所にするスタイルです。当然、大きな初期投資も必要ありません。こういうことができるのもシニアだからこそです。

独立をすると、誰もが経営者目線で考えることになります。サラリーマンの時とは違い、すべて自分で判断し、行動することが求められます。少し苦労するとは思いますが、かけがえのない経験です。独立という選択肢も良いかと思います。

雇用のまま働くか、独立の道を選択するか、一度じっくりと考えてみてください。

4
章

「キャリア棚卸&発見シート」で本当の適職が見つかる

21 まずは、「自分の強み」を考えてみよう

「あなたの強みは何ですか？」と聞かれたとしたらすぐに答えられますか？

おそらく即答できないのではないでしょうか？

「セカンドキャリアセミナー」で参加者の方にお聞きしても、みなさん同じように言葉に詰まります。

しかし長くサラリーマンとして会社でいろいろなお仕事をされてきたわけですから、強みがないはずがありません。職種は同じだったとしても、数十年の間には様々なお仕事を経験されてきたと思います。その仕事をやってこなかった方と比較すると、はるかにいろいろなことを知っているはずです。

では、なぜここでわざわざ「強み」のことを取り上げるのでしょうか？

それは、自分の強みを知り、その強みを活用することができれば、**50代以降の「セカンドキャリア」がより自分らしく、充実したものになる**からです。

私はこれまで数多くの50代、60代の方にインタビューをしてきましたが、充実したセカンドキャリアを送っている方は、例外なく自分の強み、得意なことを発揮しています。「経営の神様」ピーター・ドラッカーも「組織の目的は、人の強みを生産に結びつけること」と言っています。

それでは、改めて「強み」とは何か考えてみましょう。

一般的に強みと言えば、知識、スキルをイメージする人が多いと思います。お仕事に関する知識、また仕事をする上で習得してきたスキルがそれにあたります。

もちろん仕事上だけでなく、ご自身の趣味やプライベート上の知識やスキルもその人が持っている強みと言えます。

また、性格上の強みもあります。「あの人がいると社内が明るい雰囲気になるから助かるよ」とか「慎重な性格で、ミスがほとんどないので安心です」などはその人の性格がプラスに働いているので強みになりますよね。

人脈が広いとか、影響力のある人を知っているとか、人との交際力がある場合も強みになります。

そうした強みの中でも、**その人にしかない唯一無二の強み**があります。それは、その人の「**経験**」です。

今までまったく自分と同じ経験をした人はいません。すべてがその人のオリジナルです。実際に起こったことなので説得力があります。

転勤先、海外勤務先での体験や仕事上の失敗談、大きなプロジェクトの経験など、そこから学ぶことは計り知れません。

長年培ってきた仕事上の知識・スキル、経験はあなたの宝なのです。

しかし、せっかくの宝も自分で意識しないとやがて忘れてしまいます。これは、じつにもったいないことです。

自分が持っているスキルや知識などを一度ゆっくりと振り返り、思い出す機会を作ってみてください。人生の節目になる「定年」を意識する頃には、それが特別の意味を持ちます。

50代になると、多くの会社で「キャリア研修」が実施されます。これは55歳から60歳の節目に際し、定年後の働き方を考えてもらうためのものです。キャリアの棚卸や、過去を振り返る機会となります。

世の中には、いろいろなキャリアの棚卸をするツールが出回っていますが、自分の強みを発見し、それをもとに仕事を見つけるまでを一連でできるシートはありませんでした。私は以前からそれを課題だと思っていたため、新しいシートを開発しました。

それが、**大手求人サイト企業と共同で開発した「キャリア棚卸&発見シート」**です。

自分の強みを発見して、それをもとに仕事を見つけるシートです。

本書をお買い上げくださったあなたに、**このシートを無料でプレゼント**します。

本書巻末に記載されたＱＲコードからアクセスしてください。

この本では、わかりやすくするために、大きく3つのステップに分けて考えます。

自分の強みを発見し、そこから自分に合った仕事を探していきましょう。

ステップ１　これまでの経験を振り返る

ステップ２　強みを棚卸する

ステップ３　自分に合った仕事を考える

◇ステップ1　これまでの経験を振り返る

自分の強み、得意なことは、じつは過去に上手くいったことの中に潜んでいます。

そこで強みを知るには、まず思いつくままに仕事上で**上手くいったこと**、上司から**評価されたこと**、周りの方から**褒められたこと**を書き出してください。

１４２ページにある「**経験の振り返りシート**」を使っていきます。

たとえば、「販売計画が１２０％達成して営業所で1位になった」「任されたプロジェクトが予定より早く進行して目標を達成した」といった具合に書いてください。

最近の出来事に限る必要はありません。20代にはこんなことがあった、30代にはあんなことがあった……と年代ごとに分けて考えると、整理しやすいです。

最初は仕事のことから始めて、次にプライベートの趣味とかイベントなどを書いても構いません。強みは仕事、プライベートと分けて出てくるものではないので、一緒にしてもまったく問題ありません。

上手くいったことを書き出したら、次にそれぞれ上手くいったことの理由を考えてみてください。じつは強みはその理由の中にあります。

たとえば、上手くいったことが「営業の販売計画を達成した」ことだった場合、達成できた理由を考えてみるのです。以下の3つが思い浮かんだとします。

1、諦めないで、最後まで顧客訪問をした。
2、お客様の話をしっかり聴きとってからそのニーズに合った利点を説明した。
3、顧客の世代に関するニーズ把握のためにデータベースを活用して分析した。

この理由が、その人の強みになります。

キーワードに変換すると、「行動力がある」「忍耐力がある」「傾聴力がある」「ITリテラシーが高い」「分析力がある」と言えます。

一般的にこのようなキーワードを「**ポータブルスキル**」といって、どこでも持ち運びできるスキルとして、転職する際の強みになると説明されています。

大切なのは自分の経験から引き出すことです。

このような上手くいったことの理由を考えることで、自分が得意なこと、すなわち強みがわかってくるのです。

過去の成功体験に潜んでいる!

仕事、プライベートを問わず、書き込もう!

その理由
考えるより、まずは行動に移していた。 失敗しても気にしなかった。 負けたくないという気持ちが強かった。
相手のニーズに合わせて内容をまとめるなど、 顧客志向で柔軟に対応していた。 わかりやすく話すことを心がけていた。
価値観と考えが異なるメンバーの話に傾聴し、 共通項を見つけ出し、方向性を示すことができた。
人を助けたり、成長してほしいと思う気持ちが 強い。一人ひとりの個性を尊重している。 自分から話しかけている。

自分の「強み、得意なこと」は、あなたの

経験の振り返りシート（記入例）

	具体的なエピソード 評価されたこと、上手くいったこと、感謝されたこと
20代	営業所の中で一番、新規顧客獲得数が多かった。
30代	顧客にプレゼンテーションする時に、参加者からの評価が高く評判になった。
40代	部門をまたぐプロジェクトで、期限内に良い結果を出せた。
50～60代	部下や他部門の人からよくアドバイスを求められ、感謝されることが多かった。

※本書巻末に記載されたQRコードから無料で入手できます。

22 「3つのカテゴリー」の中から強みを探そう

◇ステップ2　強みを棚卸する

過去に上手くいったことを思い出し、その理由を考えることでいくつかの強みがわかってきます。しかし、まだまだ**自分では気づいていない強みが数多くある**ものです。

それに気づくために、強みを一覧表にして選んでいく方法もあります。「ポータブルスキル」と言われるスキルから自分の強みを見つけていく方法がその一つです。

ポータブルスキルから見つけた強みは、会社が変わっても、業種が変わっても発揮できます。一般的には「コミュニケーションスキル」「論理的思考」「マネジメントスキル」などと言われるものです。こうしたスキルも細かく分類すれば、もっと多くのスキルを含んでいます。本書では強みを細分化してご紹介します。

「コミュニケーションスキル」を細かく分けると、「相手の話を傾聴するスキル」「わかりやすくプレゼンテーションするスキル」「相手のことを理解するスキル」「説得させるスキル」などに分けることができます。

強みの一つであるスキルも、無数に分けられるのです。

コンテンツプロデューサーの高瀬敦也氏によると、「仕事を上手くやりたい」「仕事の能力を上げたい」という目的におけるスキルとは、「テクニック」ではなく「考え方」だと言います。**どんなことでも考え方や捉え方でスキルになる**ということです。

たしかに、行動する前には考えがあって、それに従って行動するから結果上手くいくわけです。そういう意味では考え方とそれに従って行動することは一体と言えます。

こうした考え方やスキルを強みとすると、それは数限りなくあります。

ただ、選択肢が多くなれば、かえって「自分の強みは何だろう?」と迷うものです。

そこで「キャリア棚卸&発見シート」では大きく3つに分類してみました。

1、対人関係における強み
2、物事に取り組む時の強み
3、課題解決における強み

対人関係における強み

キーワード	説明
会話力	わかりやすく、説得力のある話し方ができる。
傾聴力	相手の気持ちを考えて、真剣に話を聞ける。
アドバイス力	状況に応じて、的確なアドバイスができる。
主張力	自分の考えを忖度なく主張することができる。
紹介力	各人の強みとニーズを把握し、必要な人と人をつなげることができる。
ファシリテート（合意形成）	会社などの組織において、相互理解を促しながら合意形成と問題解決を促進する。
共感力	人の気持ちになって考え、感じることができる。
パーソナリティ力	人の個性を大切にする気持ちを持っている。
競争心	競争心が高く成果を出すことができる。
社交性	人とつき合うのが好きで、人を惹きつけ、味方にすることができる。

物事に取り組む時の強み

キーワード	説 明
慎重、思慮深い	いろいろな側面から物事を考えることができる。
好奇心	いろいろなことに興味を持ち、そこから情報を得ようとする。
行動力	考えるだけにとどまらず、まずは動くことで物事が進展すると考える。
理想を追求	一つのことを達成しても、さらに良くなるように追求する。
自主性	人から言われて動くのでなく、自ら率先して考え、行動する。
責任感	自分に任されたことは、全うしようとする。
メンターシップ	自分の得た知識や経験を、惜しみなく後輩や次世代に伝えようとする。
考える力	もっと違う考え方があるのではないかと追求する。
自己受容	自分自身をありのまま受け入れることができる。

※詳細は、p 240 から始まる「シニアの強み100選」を参考にしてください。

課題解決における強み

キーワード	説明
課題発見力	現状から課題を発見できる。
課題解決力	課題に対し、最適な答えを見つけることができる。
未来予想力	今の出来事や情報から先を見通すことができる。
アンラーン力	すでに持っている知識や価値観などを破棄し思考をリセットできる。
目標設定力	達成したい具体的な成果を明確に定義し、それに向けて計画を立てることができる。
計画性	目標を実現するための段取りを立てられる。
目標達成力	目標を達成するまでのプロセスを明確に描くことができる。
分析力	集めた情報を整理して、新たな情報を得ることができる。
論理的思考力	直感的・感覚的に物事を決めるのではなく、筋道を立てて考えることができる。

※詳細は、p 240 から始まる「シニアの強み100 選」を参考にしてください。

このように、「キャリア棚卸&発見シート」では、「対人関係」「物事への取り組み」「課題解決」といった3つのカテゴリーについて、数多くの強みを掲載しています。

もちろん、ここに挙げた強みをすべて持っている人はいません。まずは、**自分がどの強みを持っているか、どの強みが自分に当てはまっているかを知ることが大切**です。

あなたに当てはまる強みはどれかを選んでみてください。

「自分が本当にこの強みに当てはまるだろうか」と悩まれるかもしれませんが、気楽に選んでみてください。人によっては数が多い少ないは当然あります。

ただ、強みというものは、より自分に当てはまっているものに的を絞ったほうが、あとあと自分らしい仕事が見つけやすくなると思います。

そこで、選んでいただいた強みの中から、およそ5つから8つぐらいに絞ってみましょう。その強みは仕事の成果を高め、これから仕事を見つける際に自分の武器になります。

※あなたが強みを発見する参考になるように、本書の巻末に「シニアの強み100選」を掲載しました。ぜひ参考にして、あなたの強みを発見してください。

23 強みを掛け合わせると「オンリーワンの強み」になる！

◇ステップ3　自分に合った仕事を考える

ここで「強み」についてもう一度振り返ってみましょう。仕事や趣味で培った知識、スキル、経験そして性格も含め、あなたらしさを表すものはすべて強みになります。

このステップ3では、その強みを活かした仕事を考えてみましょう。

ステップ2までで、いくつかの強みがわかってきたと思います。それでも、なかには「際立った強みは見つからなかった」という人もいるかもしれません。

ご安心ください。あなたの強みを、際立った強みに変える秘策があります。

その秘策とは、「**一つひとつの強みを掛け合わせる**」という方法です。

人は誰でも、複数の強みを持っています。一つひとつの強みは目立たなくても、いくつかを掛け合わせれば、その人独自の際立った強みにすることができるのです。

たとえば「魚を焼く」「魚を煮る」といった基本的な料理はできる人がいるとします。料理をする人にとっては当たり前で、わざわざそれを教わろうとは思いませんよね。

ただこの人は釣りが好きだとしましょう。いろいろな魚をさばくのが得意で、グルメで各地に旅行し、おいしい魚の食べ方を知っているとするとどうでしょうか。

この人から魚料理を教わりたいと思いませんか。「基本的な料理テクニック」に「釣り好き」が加わることで、強みが倍増するのです。

さらにオンライン配信が得意だったとすると、オンライン上で教室を持つことで、全国の人に魚のおいしい食べ方を教えることができます。

このように、それぞれの強み・得意分野である「料理」×「釣り」×「オンライン」を掛け合わせることで、より強みをパワーアップさせることができるのです。

一つのことに秀でていなくても、小さなことを掛け合わせることで、大きな強みに変えることができます。**小さな強みをたくさん持つことが大切**なのです。

60歳前後の人は、この小さな強みをたくさん持っていると思います。ただ、この小さな強みは意識しないとなかなか気づけません。

最初はそんなにあるかなと思われるでしょうが、意識的に探すと、意外に多くの強みを見つけられるはずです。それをたくさん紙に書き出してみて、ランダムに組み合わせ、その組み合わせでできる仕事を考えてみるのです。

左の図にある**「強み組み合わせ&仕事発見シート」**を使って考えてみましょう。

まず、９マスの真ん中にテーマを書きます。今回は「自分の強み」を書きます。そして残りの８つのマスに、自分の強みを埋めていきます。

たとえば、以下の強みが出てきたとします。

①採用業務に精通している。
②英語が堪能。
③プレゼンテーション力がある。
④人を育てるのが得意。
⑤デジタルツールを駆使できる。
⑥文章作成力がある。
⑦介護経験がある。
⑧旅行の知識が豊富。

この9マスに「自分の強み」を書いてみよう!

強み組み合わせ&仕事発見シート（記入例）

採用業務に精通している	英語が堪能	プレゼンテーション力がある
人を育てるのが得意	**自分の強み**	デジタルツールを駆使できる
文章作成力がある	介護経験がある	旅行の知識が豊富

※本書巻末に記載されたQRコードから無料で入手できます。

次に、**8つの強みを掛け合わせてできる仕事**を考えてみます。

これも「強み組み合わせ&仕事発見シート」に記入します。

今回は真ん中に「強みを活かした仕事」と書き、残りの8つのマスを埋めていきます。たとえば、以下のように組み合わせることで浮かび上がる仕事や活動があります。

①×②×⑥＝中小企業における外国人労働者の受け入れ。
①×③×⑤＝採用ホームページで使用する動画の企画・撮影。
①×③×⑥＝採用のコンサルタント。
②×③×④×⑧＝日本語教師。
②×⑤×⑧＝外国人受けする旅行サイトを運営する。
④×⑥＝新人管理者向けに人の育成法を教えるセミナー講師。
①×⑤×⑥×⑦＝介護体験記のサイトを運営しセミナーを企画する。
⑦×⑧＝介護が必要な人向けの「旅行ガイドブック」を作る。

心理学的には、人は空白のものがあると埋めたくなる特性があるそうです。

「強みを活かした仕事」を書いてみよう!

強み組み合わせ&仕事発見シート（記入例）

中小企業における外国人労働者の受け入れ	新人管理者向けに人の育成法を教えるセミナー講師	採用のコンサルタント
介護体験記のサイトを運営しセミナーを企画する	**強みを活かした仕事**	介護が必要な人向けの「旅行ガイドブック」を作る
外国人受けする旅行サイトを運営する	日本語教師	採用 HP で使用する動画の企画・撮影

※本書巻末に記載された QR コードから無料で入手できます。

この9マスシートを使って、自分の強みを活かし、できる仕事を継続的に考えるようにしてください。

今まで存在している仕事以外に、今の時代だからこそ生まれた仕事もあります。

たとえば、オンラインサイトを使えば、誰もがセミナー講師になれるなどとは10年前には考えられませんでした。今は「ストアカ」といってスキルシェアサイトを利用すると可能になりました。

「家事代行」は、夫婦で働くのが当たり前の時代ならではのサービスです。

今後も時代に応じて必要とされる仕事も現れてくるでしょう。**時間、場所の制限が少なくなってきたので、シニアの活躍の場はもっと広がってくる**と思います。

本書巻末に「シニアの仕事１００選」を掲載しました。参考にしてください。

さて、ここまでステップ1から3まで進みながら、自分の強みを見つけ、強みを活かした仕事を見つけてきました。たくさん見つかった人も、なかなか思い浮かばなかった人もいるでしょう。これをきっかけにより自分に合った仕事を見つけてください。

24 あなたの強みを活かせる仕事とは？

これまでは強みから自分に合った仕事を考えていただきましたが、ここでは強みを大きな枠組みに分けて、それに合った仕事を考えていきます。

シニアの方に合うと思われる仕事は多種多様です。そこで強みを大きな分類に分けて、それに合った仕事を考えていきたいと思います。ご自身の強みがどの分類に当てはまるかで、自分に向いている仕事の傾向を見つけてください。

ここで記載した強みと仕事は一部なので、ご自身の方向性を調べるつもりで参考にしてください。

□資格の強みを活かす

・社会保険労務士、ファイナンシャルプランナー、行政書士、中小企業診断士、キャリアコンサルタント、不動産鑑定士など。

・定年後に資格学校に通い取得するケースや独自で勉強する人もいます。現役で働いているうちに取得するのが望ましいでしょう。

□人に教える強みを活かす

・セミナー講師、研修講師、顧問、コンサルタント、「ストアカ」をはじめとするオンライン講師など。

・自分の教える内容（コンテンツ）を磨き、自分独自のものを持っていると人気が出やすいようです。セミナー、研修講師として登壇する方法は、人からの紹介、一度登壇した会社からの再依頼、また仲介会社に登録して依頼を受ける方法があります。仲介会社：Speakers.jp など。

□顧客対応の強みを活かす

・コンビニ店員、飲食店店員、カフェ経営、家電量販店販売員、コールセンターなど。

・市場ニーズは高く、長い社会人経験を活かせるためシニアには向いています。

□コミュニケーションの強みを発揮する

・営業業務、講師、キャリアコンサルタント、カウンセラー、オンラインでのサロン経営など。

・人と話す、人に伝える、人の話を聞くことが好きな人が向いています。

□自宅にてオンライン操作の強みを発揮する

・パソコン操作が得意でネットリテラシーが高い人に向いています。

・オンラインで代行業、スキルシェア、請負・受託、セミナー開催、マニュアル販売、商品販売、相談業務などの仕事をすることができます。

・自宅で仕事をしたい人が家や近くのカフェなどで仕事ができるので便利です。

□時間を選べる強みを活かす

・アルバイト全般、マクドナルド、モスバーガーほかファストフード店員など。

・1日数時間、週数日勤務など自分で働く時間を決めます。フルタイム勤務ではなく、年金の補填や健康維持、人との交流を維持する目的で働く人が多いようです。

□物を作る強みを活かす

・ハンドメイド作品を作るのが得意な方は、実際のお店に勤めなくてもオンラインのフリマサイトのお店で売ることができます。世界各国に売ることもできます。

・ミンネ（minne）、クリーマ（Creema）、メルカリなどのオンラインサイトを使います。eBay を使うと世界各国に販売することができます。

□**問題解決スキルの強みを活かす**

・コンサルタント、顧問、スポットコンサルなど。

・知人の紹介からの依頼、紹介会社に登録後の依頼、最近ではスポットコンサルといって、オンラインサイトで募集案件に答えるケースもあります。

□**人に寄り添う強みを活かす**

・カウンセラー、大学やキャリアイベントでのキャリアコンサルタント、介護士、保育士、保育補助、学童指導員など。

□**デジタル操作の強みを活かす**

・映像編集、写真アルバム編集など。

・最近はデジタル編集のニーズが企業、個人にかかわらず増えていて、経験を積むことで仕事を得るチャンスはあるでしょう。

□**趣味を活かす**

・記念写真撮影、プロフィール写真撮影、音楽楽器指導など。

・趣味を活かして仕事に結びつけることができます。

25 あなたの強みを「さらに強化する」法

①強みを深める

自分が得意とする分野をより広く深く探究する人は「専門家」と呼ばれます。上には上が存在するので、より深く知っている人ほど一流の専門家と呼ばれます。加えてどれだけ自分の考えを持っているかでオリジナリティが出てきます。自分の強みを深める方法をいくつか挙げてみましょう。

1、情報収集する

その分野の知識を得るためには、関連する本を読むことが有効です。昔の本、最近の本も含め、幅広く知っておくことが大切です。

ネット上でも、関連する新聞社や雑誌社などにキーワードを登録して、つねに最新の情報を仕入れておくことも効果的でしょう。そこで得た情報から自分なりの考えに展開することで、自分独自のオリジナリティが出てきます。

2、専門家の意見を聞く

その分野に詳しい人に聞いて情報を得ることです。なぜなら、その人も日頃からその分野に関する情報を試行錯誤をしながら集めているからです。加えて、自分の意見も添えてくださるので効率的です。自分が進むプロセスを飛び越し、核心に触れることができます。

3、体験する

自分が体験してリアルな感想を持っておくことも大切です。リアルな話には説得力があり、誰もその感想に関しては文句を言うことができません。感想はその人の考えなので否定することはできないのです。

4、人に意見を聞き触発される

人の考えがきっかけとなって、新しい発想が生まれることはよくあることです。

たとえば、セカンドキャリアについて現状を知るために、私は定期的に60代の方との勉強会を開いて、みなさんの意見を聞くことにしています。すると参加者の方から貴重なお話を聞くことができ、何よりも実際に今起こっているリアルな情報を知ることができます。それにその話に刺激されて新しいアイデアが出てきて、執筆につながることがあります。

みなさんも、ご自身が強みとされている専門分野に関してヒントを得たい時は、意図的に意見を言ってくれそうな人との勉強会を開くのもよろしいかと思います。

5、質問に答える

強みを深める時に、実際の質問に答えるのも一つの有効な方法です。

セミナーを開催すると、終了前に参加者への質問タイムがあります。その時に、想定質問に対しての準備をするのですが、時々、思いもしない質問をされることがあります。答えるだけの情報がない場合、後ほどお返事をさせていただきますが、あらゆる角度からの質問にも余裕を持って答えるには、日頃の質問から参加者のニーズを探り、準備しておく必要があります。

セミナーだけに限らず、日常的に様々な人から質問をしてもらうよう心掛けることは大切だと思います。

②人から強みを聞き出す

強みには自分が気づいている強みと、気づいていない強みがあります。

自分で成功体験を重ねてくると、これが自分の強みだとわかってくるものです。

プレゼンテーションが上手い、レポートをまとめるのが早い……これらは、自分でも気づきやすいし、自覚できる強みです。

しかし、強みは自分が得意なことだからこそ、当たり前になっていて、それが自分の強みとして自覚できないことも少なくありません。

「自分には何も強みはありません」と言われる人は、たいていそのパターンです。

それでは、どうすれば強みに気づけるのでしょうか。

簡単なのは、人に聞くことです。

人は、**他人の強みは客観的に見ることができる**のです。

人から褒められる機会が多い人は、人の口を通じてそれが自分の強みだと自覚できますよね。

だから強みを知りたいなら、意図的に人に聞くようにすればいいでしょう。思い切って聞くことで、自分の意外な強みを知ることができます。

実際、私も強みを発見するワークショップで、参加者から自分の強みを教えてもらいました。参加者から「人が集まる勉強会や集まりを企画して運営するのが上手いよね」と言われたのです。

自分としては「みなさんからやってほしいと言われるからやっている」と思っていたのですが、人から見れば強みに映っていたのですね。企画することは、苦もなく自然に楽しくできるので、それが強みだとその時わかりました。

自分のことは知っているようで案外知らないもの。人に聞くことでわかってくるということを気づかせてもらいました。

会社の研修で、「自分が気づいていない自分の強みを、知人から教えてもらう」という演習をよくやります。自分の強みを聞く質問用紙を用意し、参加者から知人に渡し書いてもらい、封をしたものを研修時に開けて見るというものです。

研修当日は参加者のみなさんは、何が書いてあるか不安の中、封を切られますが、頼まれたほうは好意的に書いてくださるので、気づいていない強みを発見でき、みなさん喜ばれます。

人のことを真剣に考えフィードバックする機会は日常そんなにあるものではないからこそ、研修という形ではありますが、大きな気づきを得ることができるのです。実際、**この演習は研修アンケートでも一番評価が高い**ものです。

ただ研修を受ける機会はあまりないと思うので、意図的に自分で理由を作って聞いてみるという方法を実践されたら良いでしょう。

「本の中に強みを書いてもらう演習があって、やってみたいので、強みを教えてもらえない」と言ってみたらいかがでしょうか？

また研修の話をした後「自分の場合はどうかなあ」といってストレートに聞いてみるのもいいでしょう。普段自分のことをよく知っている人に聞いてみると教えてくださると思うので、意外な側面に気づくことができます。

ちゃんとお願いする人には、真面目に前向きに人は答えてくれるものです。

心配しないでトライしてみましょう。その言葉が自分の宝物になりますよ。

26 「ターゲットを変える」だけで、仕事が生まれる

自分らしい仕事とは、自分の強みが発揮できる仕事です。強みを発揮できるかどうかは、その強みが顧客から求められているかどうかとも言えるでしょう。

「人に教える」という強みで考えてみると、顧客より知っていることが多く、顧客もそれを知りたいと思っているからこそ、教えることができるのです。

ただ強みのレベルを急に上げろと言われても、すぐには難しいものです。

そこで**強みはそのままで、それでいて仕事を得る方法**をお伝えします。

①対象を変える

強みのレベルはそのままでも通用する方法とは、「対象者を変える」ことです。

たとえば、スマホの活用法を教える講師の場合、若者対象では誰も問題なく操作できるので必要とされません。

しかし、対象を高齢者に変えた場合は、使いこなすことができる人は少ないので、ニーズがあり必要とされるのです。高齢者に基本から優しく教え、気兼ねなく聞くことができるようにすれば充分仕事になります。

今、若者がシニアの話し相手になり、デジタル機器の操作方法を教える仕事が流行っています。ニーズがあるのです。普通にスマホを操作できるとしたら、**対象を高齢者に変えるだけで仕事は発生する**のです。

これはいろいろなことに応用できます。

料理レベルが普通でも、料理ができないシニア男性にとっては先生として思ってもらえます。これからの時代、おひとりさんで生きていく人が増えるでしょうし、料理が苦手な男性、女性も数多くいます。料理ができなかった人でそれを乗り越えて料理ができるようになった人は、できない人の気持ちがわかるので重宝されます。料理が苦手なシニア向けに料理を教えるお仕事が今後多くなってくると思います。

このように、自分の強みのレベルがそんなに高くないなと思っている人でも、対象者を変えることで存在価値が出てきます。

「自分の強みは誰に求められているのか」という視点で考えてみましょう。

自分の強みを活かせるのは、どこ？

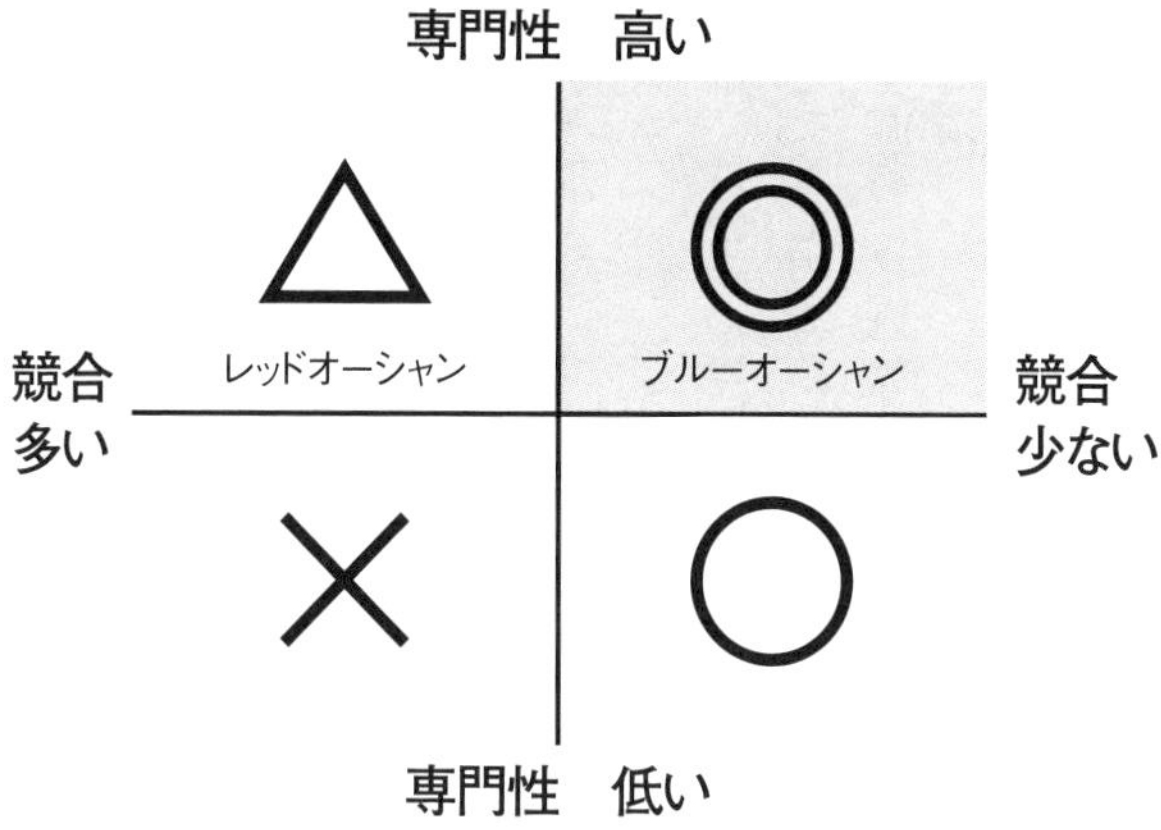

②競合がいないところを選ぶ

そして、もう一点考慮するべきことがあります。

それは**「競争相手が少ない」ところを狙う**、ということです。

これはマーケティング用語では「ブルーオーシャン」と呼ばれ、その市場ではまだ競争者が少ないことを指します。競争が少ないので、自分のレベルがそんなに高くなくてもやっていけるのです。図の右上がシニアが活躍しやすい領域と言えます。

競合が多い場合は「レッドオーシャン」と言い、レッド色が象徴するように競争が激しいので仕事を得るのが難しくなります。

競合が多いのは顧客が多く、市場性が高いからです。そこで自分の専門性のレベルが高ければ生き残っていけるかもしれませんが、ストレスが高くなります。シニアが働く環境ではないと思います。

シニアが自分らしく働くには、**得意なことが十分発揮でき、自分のペースでストレスなく楽しく働くのが理想**でしょう。

それには自分の今の強みを求める人に対して、競合が少ない分野で活躍するのが良いと思います。

この章では強みについてフォーカスしてきました。強みをまず自覚し、活用し、深めることで、その人らしさがにじみ出てくるようになります。

強みを武器に、自分らしい働き方を考えていきましょう。

5章

「働く不安」が「希望」に変わる考え方

27 「定年後にいくらお金が必要か」わかりますか？

定年後の不安と言えば、お金、健康、孤独がまず思い浮かぶと思います。

特にお金に関しては、定年後に不足するという情報が氾濫しているので、多くの方が真っ先に心配されると思います。高齢化社会が加速するなか、年金が減り、生活が立ち行かないのではないか、という漠然とした不安があるのでしょう。

そもそも、不安はどうして起こるのでしょうか？

「人生100年時代、はたして自分はそんな長い間、生活ができるのだろうか」

「お金が足りなくなって、好きなことができなくなるのではないか」

このように、**漠然とした思いから不安は生まれてきます**。

では定年後、実際にいくら収入が見込めるのか、生活費などの支出はいくらかかるのか――それを収支計算して、いくら足りないのかを具体的に計算している人は、意外に少ないと思います。

60歳の時にはいくら、65歳の時にはいくら、70歳になった頃にはどうか……。その時に必要な数字を具体的に計算し、収支を明確にすれば、漠然とした不安はなくなります。

その時の収支の概略がわかってくるので、漠然とした不安は消えて、今度はいくら足りないからどうしようかなどと、具体的な不安に変わります。

漠然とした不安は、全体像が見えないため、何をしたらいいのかがわからずに、不安感が増大してしまいます。

一方、その不安が具体的なものになれば、**どうしたらいいのか、足りない分はどのように働いたらいいのか、などと行動レベルに発想が切り替わる**のです。

たとえば、65歳になった時に、再雇用が終了し、会社からの収入がなくなったとしても、65歳からはサラリーマンの男性は年金がスタートします。

年金額は定期的に送られてくる「ねんきん定期便」を見れば金額がわかります。

収入は年金だけとして、今度はその時の支出の概算を計算してみます。

支出は現役時代と比較して、住宅ローンや子どもの教育費も終了している場合も多いと思います。子どもも独立し、かかる生活費は少なくなっているでしょう。

大よその支出がわかると、年金で足りない金額が明確になってきます。

たとえば、年金の支給額で5万円足りないとすれば、5万円稼げばいいわけです。10万円足りないとすれば、10万円分稼がなくてはいけないですね。

足りない金額がハッキリしたら、その金額分を稼げば収支のバランスはとれます。足りない分のお金を得るための働き方は、人によって様々です。

住宅ローンや教育費が必要で、バリバリ働いていた頃の働き方はもう必要ありません。アルバイトや1日数時間、週何日かを**自分に合った働き方をすれば十分**です。

それでも足りない場合は、貯蓄で補えばいいのです。できるだけ長い間、無理のない働き方で収入を得ることができれば安心です。

こうして年代ごとの収支を明確にするには、簡単な収支一覧表（次ページ表参照）を使い、実際に書き込んでみるのがいいでしょう。年齢の節目ごとに状況は違ってくると思いますので、**60歳、65歳、70歳ぐらいに分けて考える**のがおすすめです。

収入に関しては、再雇用、再就職、独立だったらいくらだろうと考えたり、副業した場合の収入、そして年金も考慮に入れましょう。

年金に関しては今後、少子高齢化が進み、将来的に受給できるのかどうか不安な方

「収支一覧表」でシミュレーションしてみよう!

	項目	60歳	65歳	70歳	75歳
支出	食費				
	家賃・住宅ローン				
	光熱費				
	通信費				
	交通費				
	趣味				
	レジャー費				
	交際費				
	各種保険				
	他				
	他				
	他				
	②支出計				
収入	再雇用				
	再就職				
	起業 / 独立				
	副業				
	年金				
	他				
	①収入計				
合計	①−②				

※本書巻末に記載されたQRコードから無料で入手できます。

もいるでしょう。経済コラムニストの大江英樹氏の『知らないと損する年金の真実』によると「少子高齢化がピークを迎えるとされる2040年でも、現在とほとんど変わらない状況が続く可能性は高い」とあります。「また1人の働いている人が何人の働いていない人を支えているかという数字を見ると、30年前から2040年までの数字はほとんど変わらない」そうです。

その理由としては、共働き世帯が増え、女性の就労人口が増えてきたことに加え、高年齢者の就労人口も飛躍的に増えてきたからです。

年金に関して受給年齢は選択できるので、その時の収支に応じて遅らせたり、早めたりすることができます。

年金の受け取りを70歳まで繰り下げた（遅らせた）場合、65歳からの受給額に比べて42％増額されます。余裕のある方は検討してみるといいでしょう。

こうして年齢ごとの収支を把握しておけば、その時にいくら稼げばいいかが明確になるので、わからないことからくる漠然とした不安はなくなります。

一度左のような簡単な収支一覧表でご自身の定年後のお金事情を考えてみてください。

28 「年金だけの生活」をシミュレーションしてみる

定年後は、現役時代と比べて収入が大幅に減ることを危惧し、「少しでも貯蓄して収入を確保しなければいけない」と考える人はとても多いものです。

これは、収入に注目した行動だと言えます。

どうしても収入に目が行くことは否めませんが、よく吟味してみると、**ムダなところにお金を使っている**ことはよくあることです。

たとえば、必要のない保険です。「社会保険を支払っている60歳以降は、生命保険や医療保険は必要ない」と考える専門家の方は結構います。「高額療養費制度」があるので、高額の医療費がかかっても必要最小限の負担で済むからです。

小さいことで言えば、使っていないアプリやサブスクリプションの使用料金などもチリも積もれば山になる、で馬鹿になりません。スマホの料金も検討してもいいでしょう。最近は食品ロスが叫ばれていますが、やはり食品もムダにして捨てていることも多いと思います。

こうして、自分にとって必ずしも必要でないものにお金を使わない行動をとることで、驚くほど支出は減っていくものです。

衣装代も、何となく買っていた洋服を自分の本当にほしいものに絞ることで、かえって良いもの、好きなものを買おうという気持ちになります。

一度こうした支出を見直すことで、いくら支出を減らせるか考えてみることは大切です。

さて、ここまで述べてきたことは、「今ある収入が減るので、それをいかに補ったらいいのか」というマイナスを補う発想ですよね。これは、質素な生活をしなくてはいけないという暗いイメージがつきまといます。

でも、果たしてそうでしょうか？

私は、何もすべてを我慢する必要はないと考えています。ただ、物事の優先順位を一度考えてみるということです。

優先順位の高いものには十分お金を使って、優先順位の低いものには使わないようにする、これを徹底することで、かえってメリハリのある生活になっていきます。

発想を転換して、ちょうど今が生活の質を見直す良い機会ととらえてみませんか？
消費生活の「断捨離」です。自分にとって必要なものは残し、それほど必要でないものはこの際捨てましょう。何となく買っていたものも、「必要なもの」「好きなもの」だけに集中するのです。

このような考え方で買い物をするだけで、買い物の総量は減り、支出も減っていきます。

自分にとって**「一番大切なもの」「一番好きなもの」をハッキリさせる**ことで、「何となく買っていたもの」「何となく使っているもの」は、必要ないと思うようになるのです。

じつは私は、優先順位を明確にし、ムダなものは買わない方針で生活してみたら、どのくらいのお金で済むか、数カ月実験したことがあります。

結果は、住宅ローンを除くと、十分、年金だけで生活することができました。

私はシングルファーザーなので、毎日自炊をしていますが、「限られた具材で料理をおいしく作るにはどうすればいいか」、とあれこれ考えるようになるので、工夫する楽しさも発見しました。

今まで**何となく消費していたものを見直すだけ**で、支出は明らかに減っていきます。収入が少なくなっても支出を調整することで、完ぺきではないですが、対応可能であるということがわかってきます。

「なんだ、十分やっていけるよね」と安心するものです。足りなければその分を何とかしようというめども立ってきます。

みなさんも一度、年金だけで生活してみるという実験をされてみてはいかがでしょうか。

これを機に「サバイバル生活を楽しんでみるか」と思い、収入が低くなるケースをシミュレーションしてみるのも、立派な不安解消の方法になるでしょう。

29

「これまでの仕事人生は宝の山」だと自覚しよう

前章でも紹介しましたが、60歳前後の方が参加されるセカンドキャリアセミナーで、私が参加者の方に必ずする質問があります。

それは、「ご自身の仕事で培ってこられた得意なことや専門分野は何ですか?」という質問です。すると、多くの方が「特に人に自慢できることはないですよ」とか「これといった専門はありません」と口を揃えて言います。

複数のお仕事を数多く経験されてきた、いわゆる「ジェネラリスト」の方は、特にそのようにおっしゃるケースが多いです。

ところがセミナーが終わり、懇親会の時に、経験されてきたお仕事のことを詳しくお聞きすると「こんなに凄い経験をされていたのですね」と感心する場合が多いです。まったく違う業種でのお仕事の内容を聞くだけでも興味がありますが、より専門的なお話をお聞きするうちに「**30数年にわたる仕事人生は宝の山**」だと感心します。

4章で強みの見つけ方をお伝えしましたが、実際にやってみていかがでしたか？

これまで気づかなかった数多くの強みを発見できたのではないでしょうか。

サラリーマンとして30数年にわたりいろいろなことを経験されてきたのですから、専門分野が何もないはずがありません。

営業業務が長かった方は、顧客とのコミュニケーション、顧客管理、市場分析、目標管理、部下指導、部下育成などをされてきたはずです。

経理や事務業務が長かった方は、財務管理、予算管理、監査業務などをやってこられたと思います。

人事業務が長かった方は、人材マネジメント、目標管理、人事プログラムの構築、教育、採用などに携わってこられたと思います。

何もできなかった新入社員時代と比べて、50歳～60歳になった自分はどう変わったのだろうと一度考えてみましょう。人間関係、顧客対応、コミュニケーション能力、どれをとっても当時と比べ、**数えられないくらいのスキル・知識・経験を身につけてきたことがわかってくる**のではないでしょうか。

「自分がどんなことができるのか」「何が自分の専門分野と言えるのか」、多くの人が自覚をしていないだけだと思います。

1つの会社に定年まで勤めあげるサラリーマンは日本では多数派で、転職をしてキャリアアップを目指してきた方はまだ少数派でしょう。

転職する際には、自分の専門分野や強みをアピールしなくてはいけなくなるので、転職を経験してきた人は、そこで考えることになります。

一方で、転職する機会がなかった多くの人は、定年を迎え、再雇用や再就職の選択をしなくてはいけなくなってはじめて、「自分の専門分野や得意なことは何だろう」と考え始めることになるのです。

考えてみると、現役時代は大変忙しく、ゆっくりと定年後のことを考える時間はありません。今いる組織で仕事を継続していくと思っている間は、特別に次のことを考えないものです。

その状態で定年の節目を迎えるので、次の展開に頭が追いつかないだけです。

少し時間をとって考えれば、ご自身の30年以上のキャリアから習得してきたものを見つけられるので安心してください。

いきなり節目を迎えて慌てないように、早い時期から準備をすれば何も問題はありません。「備えあれば憂いなし」です。**転職あるいは独立するつもりで今の業務を棚卸**して、どんなことが自分の専門と言えるのか、どんなことが自分のアピールポイントになるのかを、普段から考えておきましょう。

そうすることで、次のステップに進むことの不安がなくなっていきます。

自分の得意なこと、専門分野を改めて考えることで、まだ不足していること、学んだほうが良いことがわかってくるので、専門分野を深め、広げる意味でもプラスになると思います。

シニアの人はいろいろなことを経験されています。そこから学んだことは多いはずです。そうした**経験は、あなただけのもの**で、誰にも真似はできません。それこそが、人と違う点で、あなたの強みと言えるのです。

強みというのは自分で意識すればするほど、見つけやすいもの。逆に意識しないとなかなか気づけません。まずはっきりと自分は強みを持っている、そしてそれをこれから磨き上げていこうと思うことが大切です。

もともと持っているものだからこそ強化しやすい。だからこそ強みなのです。

まずは自覚することから始めましょう。

30 「褒められたこと」「上手くいったこと」を見返す

サラリーマン生活を過ごすなかで、褒められたことがあまりないという方は、意外に多いのではないでしょうか。

販売計画を達成したとか、大きなプロジェクトが成功裏に終わったとか、人生の中で一つか二つぐらいなら、ビッグイベントを思いだすかもしれません。

でも、それ以外の小さなことは、あったとしても忘れていますよね。むしろ小さなことは、褒められたこととしてカウントしていないかもしれません。

逆に、褒められたことより、圧倒的に怒られたことのほうが、記憶に残っているのではないでしょうか。

人間の脳はポジティブなことよりもネガティブなことに反応する傾向にあると言われています。心理学では「**ネガティビティバイアス**」として知られています。

人間はネガティブな出来事や情報を、ポジティブなものよりも強く記憶し、それにより大きな影響を受ける、ということです。批判されたことのほうが心に残りやすい、ひどいニュースのほうが印象に残りやすい、という現象がこれにあたります。

では、ネガティブがいいのかポジティブがいいのかと言えば、圧倒的にポジティブのほうがいい影響を与えます。

自分がポジティブになれる思い出は持っているのに、意識下にないために何もなかったことになっているのは、もったいないことです。

ポジティブがいいなら、意識的にそれを利用しましょう。

では、ポジティブになるにはどうしたらいいのでしょうか。

それは、**人を褒め、人から褒められることが最善の方法**です。

褒められるということは、人から承認される、認められるという「承認欲求」を満たすことになります。承認欲求を満たすことでモチベーションは高まります。

自分自身のやる気を高めるためにも、今まで褒められたことを意識的に掘り起こしてみましょう。

まず、仕事、プライベートも含め、上手くいったこと、人から褒められたことを思い出します。そしてその時の資料や写真を集め、ファイルなどにまとめ、いつでも見ることができる状態にしておきます。

資料がない場合は、思い出したことを文章やイラストで残すこともいいでしょう。人間は忘れやすい動物なので、過去に褒められたことは忘れています。それはもったいないので、**褒められたことをすぐに思い出せるように工夫が必要**です。

私は、クリアファイルに、仕事上で上手くいった時に取り上げられた社内報の記事や資格を取った時の資格証などをまとめて入れており、何か落ち込んだ時や新しいことにチャレンジする時にそれを見返すことにしています。

すると今回もできそうな自信を持つことができ、やる気が高まってきます。

この心理的影響は大きく、「自分はやればできるのだ」という気持ちにさせてもらえます。過去にポジティブになった状態に戻り、そこからスタートすることができるので、大変効率的です。

もちろん人から直接褒められることで自信は出ますが、自分一人でも、過去を振り返り、褒められたことを思い出すことはできます。

みなさんも自分なりの方法でいいので、自分が過去にできたことを思い出せる工夫をしてみたらいかがでしょうか？

31 あなたは「オンリーワンの存在」――人と違うからいい！

自分に似た人は世の中に3人いると言われますが、その3人でさえまったく同じ人物ではありません。

自分と同じ性格で、同じ経験をして、体の構造もまったく同じ人は世の中にいないでしょう。つまり自分と似た人はいても、まったく同じ人はいないのです。

人間の遺伝子は約30億個の塩基対で構成されており、この組み合わせによって各人の遺伝的特徴が決定されます。遺伝子的に言ってもまったく同じ組み合わせがある確率は極めて低いと言えます。

実際に生きていくなかでまったく同じ経験をする人はいません。**一人ひとりがオリジナルな存在なので、人と比較する意味はない**のですが、自分に自信がない時には、つい人と比較しがちです。

比較することで自分が勝っているところがあれば安心するし、逆に相手が優秀な場合は落ち込み「自分はたいしたことがないんだ」と思ってしまいます。

あの人より頭がいいとか、運動神経がいいとか、お金を稼いでいるとかに一喜一憂し、落ち込んだり、優越感に浸るのは何だかもったいないと思いませんか。

特に、シニアは若い時と比べ行動範囲が狭くなってくるので、過去の栄光にすがりたいとの思いが生じやすくなります。

自分の過去を人に自慢したいとの思いも出てきます。病気でさえ自慢のネタにします。「自分はこれだけ大きなケガや病気を患っていたんだ」と人にひけらかす場面はよく見られます。

また、人と比較することもしがちです。同僚は再就職が上手くいっているとか、あの人は独立してお金を稼いでいるとか、働かないで趣味ばかり楽しんでいるとか、しなくてもいい比較をしてしまうのです。

定年後の世界は人それぞれ。経済的なこと、家庭環境などは人によってまったく違うので、**考えても意味がありません**。

「自分と同じ人は誰もいない」ということを本当に自覚すると、「そうか自分はオリジナルな存在なんだ」と思えてきます。そして、「自分は自分、他人は他人、それぞれ違うのが当たり前」。比較しても仕方ないなと、達観することができるのです。

優れていると見える人も、その人の人生ではいろいろなことがあり、その都度、選択をし、行動してきたから今があるだけ。

自分も振り返ると同じで、その都度考え行動してきたから今があるのです。

今に満足していないのならば、過去の自分と今の自分を比較して、今後満足できるように取り組んでいこうと思えばいいだけです。

過去の自分との比較は、自分の成長につながるので、素晴らしいことです。

そのように考えるとホッと安心するし、唯一無二の自分のオリジナリティーが次第に深まってきます。

視点が「人と比べて近づいている」でなく**「人と少しずつ違っている」と思える感覚、これが大切**ですね。

人と比較するのでなく、自分のオリジナリティーを極めていくという発想に変えると、何だか自信がでてくるので不思議です。

サラリーマンとして「企業の出世コースを歩まず、専門分野を極める」ということも一つの生き方です。

今後、世の中はますます専門分化されてきます。知識的なものはＡＩが担当すると思うので、これからは、その人独自の経験から醸し出される考え方、発想が必要とされることでしょう。

また雇用関係から離れ、独立してフリーランスという立場で活動するというのも一つの選択です。

いずれにしても、どの道が正解、不正解ということはありません。**自分が進もうとする道が自分にとっての正解**と言えます。

世の中でたった一人の自分を大切にし、よりオリジナルな自分になるよう極めていきませんか。

32 80歳を過ぎても輝く人になる——人生に定年はない！

若い頃は会社や世の中に年上の人が多かったので、目標にする先輩がいたり、憧れの人を探すのはそれほど難しくなかったように思います。

しかし、自分の年齢が60歳を超えてくると、自分が目標にするような人は見つけにくくなったような気がします。

日頃からお見受けする機会も少なくなりますが、年を重ねていても何かにチャレンジしたり、自分の生き方にこだわりを持って生活をしている人は、意外に少ないように思います。

憧れの人がいる場合は、その人の生き方やスタイルをマネしたり、その人と交流しながらマネをすることもできました。いわゆる「**ロールモデル**」のような人になろうと努力したものです。

しかし、年齢とともにロールモデルを見つけにくくなると、目標を持ち、それに向かって努力することも少なくなってきたと思うのです。

つまり、自分をより良くしようという意欲が減り、現状維持のままか、ともすると現状維持さえままならなくなり、下降線をたどることになります。

もちろん数は少ないと言っても、探そうとすれば探せるものです。

最近は、新聞やネットニュースで、高齢になっても活躍されている方の記事を見かけることが多くなってきました。

そういう人を知っていれば連絡もとりやすいでしょうが今の時代、まったく知らなくても、SNS等でコンタクトはとれます。相手の方にも事情を伝え、会いたいと言えば喜ばれると思います。

ただ、相手の方のご都合もありますので、無理に会わなくても、一方的に憧れるだけでいいのです。それだけで励みになりますよね。

ロールモデルがいないと言う人は、そもそも自分の目標やこうなりたいという将来像がなかったり、ハッキリしていないのかもしれません。目標や憧れを持つと、やる気がでてきます。

セカンドキャリアを考える時に、そのロールモデルとなっている歴史上の人物がいます。「伊能忠敬《いのうただたか》」です。自らの足で全国を歩いて測量し、日本地図を完成させた人物です。

伊能忠敬がなぜシニアに慕われているかと言えば、**日本地図を測量し始めた年齢が55歳と遅かった**からです。江戸時代の55歳と言えば、現在ではおそらく75歳から80歳と言ってもいいのではないでしょうか。

そこから始めて73歳でなくなるまで、現役で歩き続け測量したのです。没後はその弟子たちが受け継ぎ、地図を完成させました。

もう一つ共感を覚えるのは、伊能忠敬は婿養子で商家に入り、49歳で息子に家督を譲るのですが、それまで仕事で忙しく、何もできなかった姿は、**サラリーマンの定年を彷彿とさせる**のです。仕事から解放されて、はじめてやりたかった天文学と地図作りに没頭できたのです。

忠敬が天文学を学んだ師匠は高橋至時《よしとき》ですが、なんと31歳で、忠敬は年齢には関係なく自ら学びに行ったのも学ぶべき点です。

歴史上の人物ではなく、現在においても高齢者でご活躍されている方も多いです。

最近では、プログラマーの「若宮正子《わかみやまさこ》さん」が有名ですが、ＡｐｐｌｅＣＥＯのティム・クックさんから世界最高年齢のプログラマーと紹介されました。

御年89歳（2024年現在）で定年退職後にパソコンを購入、勉強して、81歳の時に自分でアプリを開発するまでになりました。

年は関係ないですよね。

定年退職の60歳になってもまだまだ先は長いのです。活躍されている先輩を見つけ、その人を目標にするとともに、若い人からも憧れの先輩、目標にしてもらう自分でいることを意識し、生き生きと生きていきましょう。

表彰状
合格証書

6章

定年後は、この「マインドチェンジ」が武器になる

33 「上から目線」はやめて「謙虚になる」

定年に近い年齢の方は、管理職として人を指導する立場の方が多いと思います。管理職の立場に長く就いていると、**いつのまにか「上から目線」**で人を見る癖がついてしまいがちです。

管理の仕方が人に寄り添うものであればまったく問題ありません。しかし、ともすれば、「自分のほうが偉い立場だから指導する」という上から目線のスタイルになりがちで、しかもいつのまにかそれが当たり前になってしまうため、注意が必要です。

俳優の方は、いろいろな配役を演じるので、それが役割と自覚し、その都度リセットして一つの役割に固定されることはないでしょう。

しかしサラリーマンは、年功序列のなかで長く勤務するので、年数を重ねていくと、上から目線で人を見ることが当たり前になりやすいのではないでしょうか。

あくまでそれは会社の中での役割という自覚がないと、その組織を離れてからもそのような態度で接することになります。

実際、大企業に所属したサラリーマンが、退職して中小企業に転職した際、組織文化が違うのに、大企業にいた時と同じ態度で接する例が散見されます。前職の時と同じ態度で接するため、**転職先の社員から嫌われ、トラブルに発展するケース**が多いようです。中小企業の社長もそれを懸念してシニア採用を断るケースが多いと聞きます。

ここで、**シニア社員が嫌われる態度や行動**をまとめてみます。

①上から目線で話す。
②自分の意見を押しつける。
③自分でやらないで人に頼む。
④今の仕事に不平不満を言う。
⑤昔の仕事と比較する。
⑥自分を変えようとしない。

このような態度や行動をとれば、新しい職場で上手くいくはずがありません。

再就職する場合は、新入社員になったつもりで、一から学ぶ気持ちで接することが大切です。

再雇用の場合も、立場や役割が変わるので、まったく新しい職場に移ったという気持ちで接しないと、同じようなトラブルは起こるでしょう。同じ職場であったとしても、立場が変わったことを自覚して、人をサポートするつもりで接することです。

具体的には以下のような行動をとるのが望ましいでしょう。

①謙虚な考え方をする。
②褒める、「有難う」と言うことを習慣化する。
③相手のことに関心を持つ。
④ネガティブをポジティブに変換する。

①謙虚な考え方をする。

謙虚というのは辞書によると「自分を偉いものと思わず、素直に他に学ぶ気持ちがあること」とあります。

自分より知識、スキル、経験があり、性格的にも秀でている人は世の中に数多くいます。それを自覚せず、上から目線でいるのはとても恥ずかしい姿だと思います。

むしろ、それを自覚して、**若い人からも学ぼう**という気持ちを持っている人こそ、素晴らしい人だと見られるのではないでしょうか。

②褒める、「有難う」と言うことを習慣化する。

どちらかと言えば、心で思っていても口に出して褒めない人が多いと思います。

自分のことを褒めてほしくない人などいません。たとえ照れくさかったとしても、**本心では褒めてほしいもの**なのです。だから口に出して褒めると喜ばれるのです。

また、「有難う」と感謝の気持ちを言葉にして伝えることも大切です。

人は一人では何もできません。人から何かをしてもらうことで、日常の生活が成り立っています。そのことを「ギブ&テイク」と考えるのでなく、そうしてもらうから助かるという気持ちに立てば、自然と「有難う」、つまり「有ることが難しい」という気持ちになるのではないでしょうか。

頑張って口に出してみましょう。気持ちいいですよ。

③相手のことに関心を持つ。

人は、嫌なことを言われるより、無視されることのほうが辛い気持ちになります。嫌なことを言われるのは気持ちのいいことではありませんが、そこにはまだ何か話そうとする意図があります。しかし、無視するということは、その人にまったく関心がないという気持ちの表れです。これは大変悲しいことです。

思っているだけで口に出さなければ、無視するつもりはなくても、相手に関心がないと思われても仕方ありません。

反対に、**関心を持てば、それだけで相手は喜ぶ**ものです。自然と話してみようかという思いも湧いてきます。まずは相手に心を傾けてみましょう。

④ネガティブをポジティブに変換する。

物事はネガティブにとることもできるし、ポジティブにとることもできます。

失敗した時に「ああ、どうしよう。こうすればよかった」と悔やむこともできるし、「今回はきつかったけど、大きな出来事にならなかった。よかった。今後の教訓にしよう」

と思うこともできます。どちらが人から好かれるかは、明らかです。

これは習慣的な思考の癖とも言えるので、**意図してポジティブに発言**しようと思えば、習慣化してポジティブ優位に変わってきます。

先ほど、大企業から中小企業に転職したシニア社員がマインドチェンジをしないで嫌われると言いました。反対に、人の言うことを傾聴し、相手の立場に立って発言し、困った時には豊富な知識とスキルでアドバイスするシニア社員も多いと聞きます。当然、社長の評価も高いため、その会社ではシニア社員の獲得に積極的になります。

同じ会社で再雇用として働いている人も同じです。定年を新たなスタートとしてとらえ、年下や元部下が指揮命令者になっても、自分ができることに全力を傾け、彼らをサポートする姿勢を見せる人は、とても評判がいいそうです。

ぜひマインドチェンジをして、幸せなセカンドキャリア・ライフを実現しましょう。

※定年後にどのようにマインドチェンジすればいいかを学ぶ上で、参考になる映画があります。『**マイ・インターン**』です。主演はロバート・デ・ニーロとアン・ハサウェイです。定年後にインターンとして再就職するシニアの物語です。ぜひご覧ください。

34 「サラリーマン脳」から「自立脳」に変える

サラリーマンの思考・行動を端的に表すと、「上からの指示を受け、その指示を達成するように考え行動する」と言えるでしょう。

もちろん、自ら考え新しい仕事を生み出す場合も多いと思いますが、「組織目標を達成するために働く」、ということでは変わりません。

このような思考回路、行動様式を長年とっていると、それが当たり前になってきます。自分がやることは上から指示されるもので、「自分から決める必要はない」と思ってしまいがちです。

収入に関しても、上司からの評価で多少上がったり下がったりするものの、毎月決まった日に給与は入ってきます。考えてみれば有難いことで、安心できます。

いつまでも同じ状況でサラリーマンをすることが保証されていれば、そのままでいいかもしれません。しかし、超高齢化社会になり、平均寿命が長くなってくると、定年後も長い間、働かなくてはいけない状況が起こってくるでしょう。

シニアの就業に関しては、「高年齢者雇用安定法」で定年延長を後押しする動きはあるものの、企業側としてはシニアを長く雇うよりも、若者を雇用し、デジタルに移行するなど効率化を図りたいと思うのが本音でしょう。

現在65歳までは、企業側も再雇用や定年延長という形で雇用を保証しています。70歳までの雇用確保は努力義務とされているものの、現実は**65歳からは自ら考えて、動かなくては、道は開かれない**と思います。

65歳からは年金の受給可能年齢になるので、年金生活に入るのかどうか。

今までの経験を活かし、何か新しいことを自ら始めるのか。

誰かの紹介で、強みを活かせる仕事を続けるのか。

自分のペースに合った仕事を見つけるのか……。

いずれにしても65歳の節目の時には、今後の進路を考えざるを得なくなります。

働く、働かないにかかわらず、**自らの人生を切り開いていく、自ら楽しもうとする、**そのようなマインドが必要になるでしょう。

特に自分の強みを活かし、自分らしく楽しみながら仕事を続けていきたいと考え、個人事業主として活躍する場合は、できるだけ早い段階でその準備に入ったほうがいいと思います。その際の心の準備として、**自分が社長**になったつもりで今の仕事を考え直してみることが重要になります。人から指示を受けて考えるのでなく**「自分ならこのように判断する」と考える習慣を持つ**ことが独立した際には役立ちます。

また残りの人生を楽しむにも、人が何かをしてくれるのを待つのでなく、自ら考え行動することで、より楽しいことが経験できると思います。

ではサラリーマン脳から自ら考える自立脳に変えるために、具体的にどのようなことをすればいいのでしょうか。

ポイントは3つあります。

①自らの考えを持つ。

物事をそのまま受け入れるのでなく、自ら情報収集して分析し、異なる視点から物事を見るなど、自ら考えることが大切です。

また、自分のアイデアや判断に自信を持つことも自立した思考の基盤になります。

②柔軟性を持ち、新しいことにチャレンジする。

固定観念にとらわれず、新しいアイデアや方法を生み出し、変化を受け入れます。必要に応じて自分の考え方を変える勇気を持ちましょう。

そして、最初から上手くいかないものは当然という気持ちで新しいことにもトライすることが大切です。

③自己責任を意識する。

自分の決定や行動に対して責任を持つことは、自立した思考につながります。自分の選択が自分自身の未来に影響を与えるという認識を持つことで、責任感を持った意思決定を行なうことができます。

これらをサラリーマン現役時代から意識しておけば、定年後のセカンドキャリアがスムーズに進むことは間違いありません。

35 「成功談」より「失敗談」で自己開示をする

「成功談」と「失敗談」、どちらが好感度が上がると思いますか？

実験によると、**失敗談を語るほうが印象は良くなる**そうです。

アメリカの心理学者エリオット・アロンソン氏が行なった実験です。

参加者を集めて、A群とB群に分かれ、二種類用意された音声のどちらかを聞いてもらいました。

どちらの音声も、一人の学生がクイズに答えているものです。高学歴であることも伝えてもらいます。クイズの正答率は9割以上で優秀な成績でした。

二種類の音声の内、A群には何の仕掛けもないものを聞いてもらいます。

B群には、音声の最後のほうに、その優秀な学生がコーヒーカップをひっくり返してしまい、スーツを台無しにする様子が録音された音声を聞いてもらいます。

音声を聞いた後に、A群、B群の参加者にその学生にどのぐらい好意を持ったかを聞きました。

結果は、コーヒーをこぼすという失敗をした音声のほうが、はるかに好感を持たれたそうです。

加えてアロンソン氏は、この二種類の音声を平凡な学生のバージョンでも作り、同じことをしました。

すると、結果は平凡な学生がコーヒーをこぼした場合には、その学生への好意が上がるどころか下がってしまったのです。

つまり、優秀な人が何かをしくじると逆に好感度は上がって、平凡な人だとそうではないとの結果でした。

このように、シニアにとっては成功談より失敗談を話すほうが良いと思うのです。

一般的にシニアは、長年の経験や蓄積された知識・スキルがあると思われています。実際、若者もそう思っている人が多いです。ある意味、**一目置かれる存在**と言えるでしょう。先ほどの実験で言えば、コーヒーをこぼした優秀な学生と同じです。

そういう人は、失敗談を話すほうが「この人もこうしたドジなことをするんだ」とかえって親近感が湧いて、好感度は上がるのです。

特に、シニアは人に自慢話をすることが多いと思われているので、失敗談を話せばそのギャップからさらに好感度が高まると思います。

人の成功談を聞くより、失敗談を面白おかしく聞くほうが、その人のことを身近に感じ、親しみを覚えますよね。

話すほうからすると、「上手くいった時の経験を語れば、相手の参考になるのでは」と思いがちですが、相手からすれば自慢話にしか聞こえずに、かえって疎まれるだけです。

同じことを伝えるにしても、**謙遜して伝えれば伝えるほど、相手に聞いてもらいやすくなる**のではないでしょうか。

あえて自分のことを落として失敗談を披露すれば「相手に笑いを提供する度量の大きい人」「失敗から多くを学んでいる人」などと思われるかもしれません。

心理学では、自分のことをより多く知ってもらうほうが、相手も安心するので、コミュニケーションが上手くいく、と報告されています。

失敗談にしても、成功談にしても、相手により多くのことを知ってもらっているほうが、相手との関係性はよくなるということです。

自分のことを積極的に開示しよう!

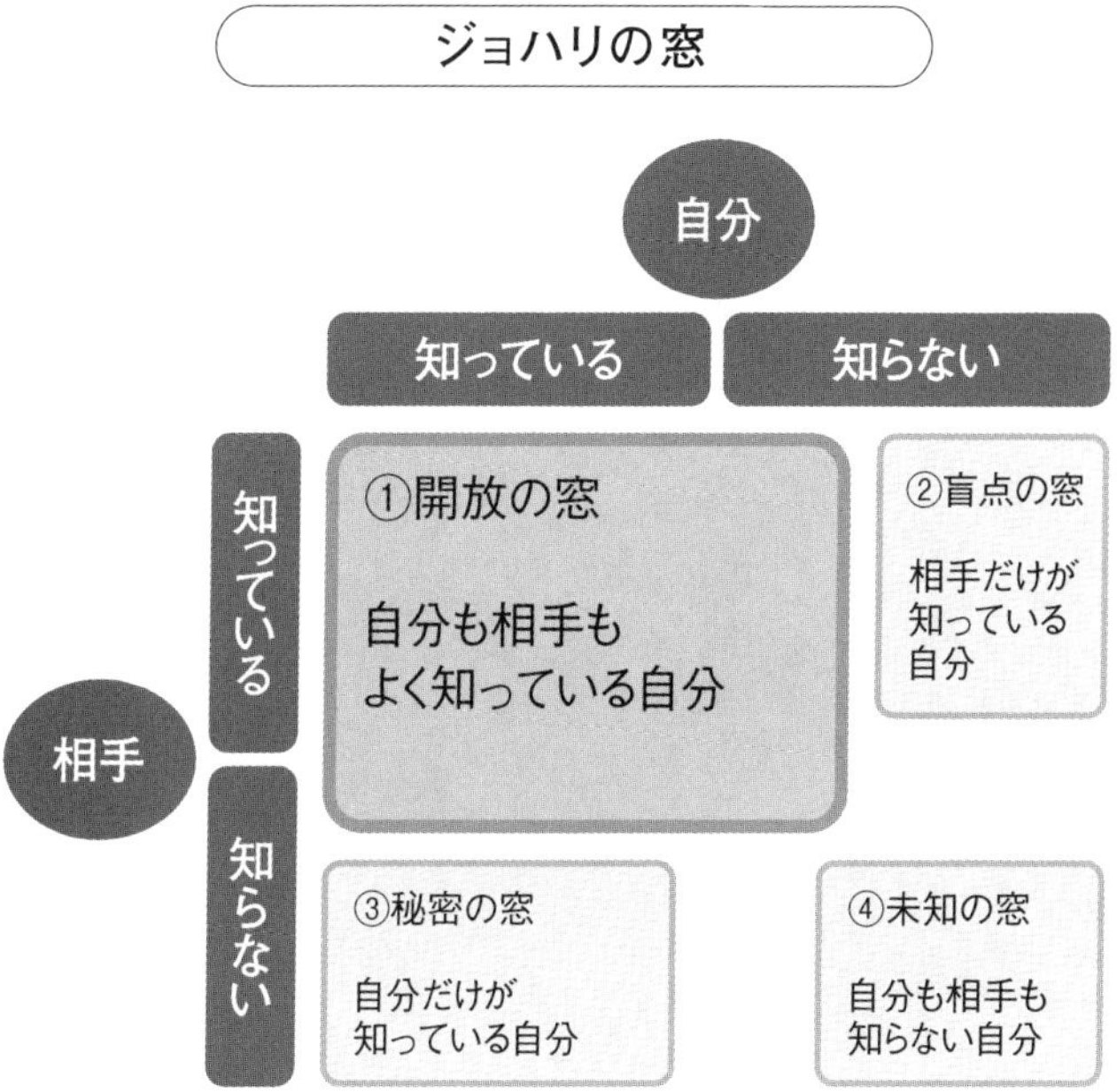

専門用語でいうと「**ジョハリの窓**」という考え方があります。

前ページの図で説明すると、自分と相手の関係で、「知っている」「知らない」で組み合わせると4つのパターン（4つの窓と呼んでいます）ができます。

①互いに知っている（開放の窓）。
②相手は知っているが自分は知らない（盲点の窓）。
③自分は知っているが相手は知らない（秘密の窓）。
④互いに知らない（未知の窓）。

1番いいのは、互いに知っている「**開放の窓**」です。

自分で自分のことをわかっていて、かつ相手も自分のことをよく知っている状態は、誰からも自分のことが理解されているので、関係性を良好に保ちやすくなります。

あまり良くない状態というのは、相手は知っているが自分は知らない状態、これは盲目なので「盲目の窓」とも言います。いわゆる「裸の王様」です。会社組織で上の立場になると、周りは意見を言わなくなるのでこの状態に陥りやすいです。

また、自分は知っているが相手は知らないこと、これは自分のことを隠している状態なので「秘密の窓」と呼ばれています。失敗談などは秘密にしたがりますよね。

この状態はコミュニケーションを妨げる要因なので、「盲点の窓」なら人から教えてもらうことが大切になります。「秘密の窓」なら、自分のことを相手の人に伝えようと努力することが大切になります。

自己開示することで、**自分のことをできるだけ偏らないで、多く知ってもらう**ことが大切です。秘密を作らず、失敗したことも上手くいったこともできるだけ多く自己開示することで、コミュニケーションが良くなります。

シニアの方は失敗談をすることも自分のことを伝える方法になるので、積極的に自己開示し、自分のことを知ってもらいましょう。

36 「人に頼む」前に、まず「自分でやってみる」

サラリーマンも管理職になると細かな仕事やたくさんの作業を部下に振り分け、管理業務が多くなります。上位の職に就けばつくほど現場の作業から遠ざかります。

しかし定年後、**再雇用の道に進むと、管理業務から離れ、現場の仕事に就くケース**が多くなってきます。

しばらく現場の仕事から遠ざかっていると、細かな仕事の方法がわからなくなり、人から教えてもらわなくてはいけない状況になります。

加えて「今さら何でこんなことをしなくてはいけないのだ」という気持ちが湧き上がってくると、やる気も出なくなります。

今まで部下だった人が上司になるケースも多く、今まで人に頼んでいたことを自分でやらなくてはいけなくなります。いつもの癖でつい人に頼んだりすると、嫌がられることになります。

周りの人も気を遣い、仕事が頼みづらくなり、シニアは次第に居場所がなくなっていきます。これは悲しいことです。

今までは仕事の一部だけをやればよかったところを、数多くのことをしなくてはいけなくなります。ただ、今までやっていた管理業務をしなくてもよくなるので、ラクになる面も出てきます。

小さな仕事も嫌がらず積極的にこなす姿勢を見せることで、相手に気遣わせず、逆に好感を持ってもらうこともできるでしょう。

「こんなことまでやってもらえるので助かります」という気持ちを持ってもらえます。

私の知り合いのシニアの方で、水がセルフサービスのレストランに行ったときなど、いつもさりげなく、全員の水をとってきてくれる人がいます。それがわざとらしくなく、本当に自然なので感心します。

また、みんなで写真を撮る時も、率先して自分のスマホで撮影しようとする人もいます。やってあげているという気持ちはまったく見えず、「あの人がいると助かるね」と言われています。ご本人にうかがったところ、「最初は意識的にしていたが、そのうち習慣化して当たり前になった」ということです。

まさにそこがポイントで、最初はぎこちないのですが、やるうちに自然にできるようになってくるのです。

最初のぎこちなさを乗り越えるまでは、本人にとって大変かもしれませんが、そのうちまったく気にならなくなります。**意識的にでもやることが大切**なのです。

些細なことかもしれませんが、やるうちに習慣化してきます。習慣化すると、他のいろいろなことが同じようにできるようになります。

何からでもいいので、自ら動くようにしましょう。いつまでも若者から嫌われないで、逆に受け入れられるシニアになること間違いありません。

37 「若い人は避ける」でなく「積極的に話しかける」

若い頃は、知識やスキルは先輩や年長者から学ぶことが多かったと思います。年をとればとるほど年長者は少なくなり、学ぶ対象者は少なくなっていきます。学ぶのは「自分より年上の人から」「多くの経験を積んでいる人から」と思っている方は多いかもしれません。

でも本当にそうでしょうか？

これまでは、会社での情報は上から下、上司から部下に流れていくのが一般的でした。当然、年配者の方が情報を持っているので、若い人が年配者に学ぶという構造になっていました。

しかし、これからは違います。ITリテラシーがますます必要とされる世の中になるので、そうしたスキルが得意な**若者から学ばなくてはならない時代**になります。

時代は若い人の手で作られていきます。新しい技術や考え方も若い世代が作り上げていきます。

だからこそ、今後も一線で活躍しようと思えば、若い人からいろいろなことを学んでいかなくてはいけません。

これからますます必要になるＩＴ関連の知識は、**ＩＴネイティブである若者から教えてもらうのが一番**なのです。

大企業の例ですが、会社の取締役が若手の社員からＩＴ関係の知識や最近の流行について教えてもらうという新しい制度ができました。その会社では経営者が若手社員から最近の市場の動向やこれからのビジネスにとって必要な情報を得て、ビジネスチャンスをつかもうとしています。

年長者になったら、よけいに若い人から学ぼうと意識転換しないと、学ぶ機会はどんどん少なくなってくるでしょう。

若い人から見たら、年長者はいろいろな経験を積んできて知識も豊富なので、**自分からは近寄りがたい存在**です。だからこそ、近づきやすい立場にある年長者から、若い人に積極的に話しかけることが必要なのです。

年長者からすると、若い人は自分たちとは話したがらないという思いから、遠慮して話しかけないのかもしれません。

しかし、実際は違うのです。

著者が20代の若者に実施したアンケートによると、若者は、年長者から知らないことを教えてほしいと聞かれたら、嫌な気持ちはせずに、むしろ自分ができることは話したいと思っています。

若者が嫌がらないように気をつければ、いろいろな情報を聞き出すことができるのです。

若者にとって、シニアの存在は心強いものです。

若者は人間関係に悩んでいることが多く、シニアに相談に乗ってほしいと思っていることが明らかになっています。シニアはあらゆる人間関係を経験しているので、若い人に良いアドバイスができるに違いありません。

長年生きてきたなかで、辛いことや悲しいことを誰もが経験しています。

若者は経験という点では年長者には追いつきません。

しかも、経験というのは良い悪いでなく、どんな経験からも学べます。

若者に相談された時にそれを伝えることで、彼らはそこから何かをつかむはずです。

ただし、若い人は「長い話を聞くのは嫌がる」ので、相談された時は、端的に答えるのがコツです。

最近の若者は自己肯定感がかなり低くなってきています。彼らも相談する人がいないし、その機会も少なくなってきています。

だからこそ「シニアの出番」なのです。

このように変化の激しい世の中だからこそ、こちらから若者にアプローチして、最近の様々な情報を積極的に聞き出すことは必要ですし、若者にとっても相談するきっかけができます。

シニア同士でしかつき合わないと、どうもネガティブな方向に進みがちです。若者と接することで、若返った気持ちにもなります。

ぜひ、いろいろな世代と交わることで、生活に華を添えていきましょう。

38 「できない、もう遅い、今さら」を捨てる

長くサラリーマンをしていると、新しいことにチャレンジしにくい心理状態になっています。その気持ちが定年前に転職したり、早期定年退職を決断したり、再雇用中に独立しようと考える際の足かせになります。

転職経験がなく一つの会社に長く勤務している場合は、特にその傾向が顕著です。新しいことにチャレンジし、何かを選択する際には、一般的にバイアスがかかりやすくなります。

行動経済学では「ネガティビティバイアス（negativity bias）」「**損失回避バイアス**（Loss Aversion）」と言われているものがあります。

前述したように、ネガティビティバイアスとは、「人はポジティブな情報より、ネガティブな情報に注意を向けやすく、記憶にも残りやすい」というものです。

今まで流布している定年後のネガティブ情報に引きずられ、転職に失敗し、独立し

てひどい目にあったという話が頭に残り、新しいことにチャレンジする時に躊躇することになります。

こうした事例は少ないにもかかわらず、さもそれがすべてであるかのように思ってしまうのです。

損失回避バイアスとは、利益よりも損失のほうが心理的影響度が大きいため、**損失を回避、もしくは最小化する傾向がある**ことをいいます。

人は心地よいものはできるだけ多く、不快なものは極力少なくしたいと考えます。獲得するよりも損失するほうが心理的ダメージは大きく、獲得する時の1・5～2・5倍あるそうです。たとえば1万円もらう嬉しさより、1万円失ったほうが2倍ほど心理的ダメージを受けるということです。

だから私たちは損失を避けようとするわけです。

定年後の将来に備え、新しいことを始める際、失敗して収入がなくなったり、今までの人間関係をなくすことが心配で、現状を何とか維持しようとするのも、この考え方です。

でも考えてみてください。ある意味**シニアは失った後のリスクは少ない**と思います。

サラリーマンは65歳から年金が支給されます。もし仮にその時に収入がゼロになっても、生きていけるわけです。

しかも若い世代の人と比べて、住宅ローンや子どもの教育費負担が少なくなっています。**リスクは低くチャレンジしやすい**環境にいるのです。

また、使える時間が圧倒的に増えます。

どうしても忙しかった頃を思い浮かべ、1日のうちに自分が使える時間は少なく「そんなことを考える余裕はないよ」という思いが先に来ます。

しかし、シニアになると勤務環境が変わり、フルタイムでの勤務から時間的な余裕のある勤務になります。現役でバリバリ働いた頃より、自分が使える時間は増えると思います。

その時間を使って、新しいことにチャレンジできます。

「できない」「もう遅い」と思っている人は、今からスタートしても働ける時間が少ないという気持ちがあるのでしょう。

たとえば、60歳になってスタートしたら、上手くいくまでに時間がかかるので遅いと思ってしまいがちです。

しかし、ゴールの年齢を何歳に設定しているかで違ってきます。

何歳まで生きるか、あるいは健康寿命はいつまでかによりますが、仮に100歳まで生きるとするとまだ十分に時間が残されています。

山中伸弥《やまなかしんや》教授が発見した、細胞を初期化する遺伝子（山中ファクター）を使えば「若返り」も可能になるかもしれません。定年後の時間は飛躍的に延びるでしょう。

また集中力を発揮することで時間の効率化を図るという手もあります。

あれこれできないという時は、視点が過去か未来に向いています。過去にとらわれず、未来を心配することなく、**今やることに集中すれば、結果的には一番良い効率的な時間の使い方ができる**ようになります。

お金や時間に対する考え方を変えれば、定年後の世界が変わってきます。

今までの固定観念にとらわれず、いろいろチャレンジをしていきましょう。

7
章

セカンドキャリアをさらに充実させるために

39 「ジョブクラフティング」——「やりがい」の見つけ方

ここまで、自分に合った仕事をすればするほど楽しく仕事ができる、という前提でお話をしてきました。もちろん、これが自分の天職だと思える仕事が見つかり、それに従事することができたとしたら、これほど幸せなことはありません。

しかし実際には、これが自分の天職だと納得できる人は、意外に少ないと思います。天職を見つけた人も、最初から天職だったわけでなく、いろいろ経験するうちに、「これが天職ではないか」と思うようになった、というのが真相ではないでしょうか。

自分に合った仕事を見つけることはもちろん大切ですが、それ以上に、**幸せな気持ちで仕事をする**ということがより重要なのではないかと思います。

たとえ今、どんな仕事についていたとしても、自分に合う仕事を探している途中であったとしても、じつは誰もが幸せな気持ちになれる方法があります。

この本の締めくくりとして、最後にその方法を3つお伝えします。

1つめは、**「ジョブクラフティング」**という考え方です。最近注目されているキャリア理論で、ジョブ（仕事）をクラフティング（創りだす）するという意味です。つまり、自分が**今取り組んでいる仕事をやりがいのあるものに作り直す**のです。

よくたとえに出される「レンガ積み」の話です。

レンガ積みをしている何人かの職人さんに「何をしているのか」と質問をします。1人の職人さんは「見ればわかるだろ。レンガを積んでいるんだ」と無表情に答えます。違う職人さんは「家族を養うためにやっているんだ」と答えました。

楽しそうにレンガを積んでいる職人さんは、「このレンガで大きな教会を造るのだよ。この教会に多くの人が集まると思うと頑張ろうと思うよ」、そう答えました。

この話で伝えたいことは、同じ仕事をしていても、どのような考えで取り組むかによって自分の気持ちも変わる、つまりモチベーションも変わるということです。

今取り組んでいる仕事にどのような意味を見出すか、その仕事の結果、人にどのような影響を及ぼすかまで考えを膨らませることで、自分の心理状態に変化を及ぼすということです。

もう1つ、新幹線の車内清掃をお仕事にしている方々の事例を紹介しましょう。

ジョブクラフティングを取り入れるまでは、社内清掃員の仕事はキツイしキタナイというイメージがあり、あまりやりたくない仕事としてとらえられていました。

それを新しく着任したマネージャーの方が「もっと誇りを持ってやってほしい」という思いから、お客さんから注目され、喜んでもらえるように仕事をとらえ直そうと、みんなに提案したのです。

今やっている仕事を「魅せるパフォーマンス」として、**「お客さんに楽しんでもらうもの」と、とらえ直した**のです。

まず服装をお客さんに喜んでもらえるものにしようと、アロハシャツに変えました。そして短い停車時間での清掃をより早く確実に行なうように所作を磨き上げたのです。清掃が終わると外に一列になって挨拶をするなど、まさにパフォーマンスです。

こうしてチャレンジを重ねるうちに、お客様から注目され、お礼も言われるようになりました。この試みは各種雑誌で紹介され、ハーバード大学経営大学院の授業でも「マンネリ化しやすい職場の活性策」として取り上げられるほどになりました。

この2つの事例から言えることは、仕事を考える時、その仕事の作業工程だけを見るのでなく、「その仕事をすることが何につながっていくのか」「その仕事をすることで誰が喜ぶのか」まで視野を広げることが重要だということです。

すると見える景色がまるで違ってきます。実際、先の事例でも、スキルを磨いて自己成長を実感するうちに、社員のモチベーションがどんどん高まっていきました。

昔から「職業に貴賤なし」といって、日本には江戸時代から受け継がれている言葉があります。「どの仕事にも意味があり、上下で分けられるものでない」ということだと思います。

どの仕事につくかは、人それぞれの事情があります。人によって環境も異なり、考え方も千差万別です。そうだとしても「自分が仕事をどう考えるか」「どうとらえるか」によって、仕事へ向かう姿勢が大きく変わってくるのです。

今の生活は、ものを作る人や運ぶ人、伝える人、売る人など様々な人が関わってはじめて成り立っています。数多くの仕事があるからこそ成り立つのです。

だから**それぞれの仕事に意味を見出す**ことで、関わっている人たち全員がやりがいを持って仕事に取り組むことができるし、そうなれば素晴らしいことです。

40 仕事を「ウェルビーイング」にする考え方

前項で今の仕事に意義・意味を見出し、仕事を見直すことでやりがいを見つけていく方法をお伝えしました。

ここでは、自分の考え方と行動を変えるだけで、仕事の種類にかかわらず、自分の心を幸せにできる方法をお伝えします。

最近、**「ウェルビーイング」**という言葉を耳にすることが多いと思われませんか。「ウェルビーイング」というのは「**幸せや満足度が高い状態**」を表す言葉です。ウェルビーイングだと心身が健康で、仕事や生活が充実したものになると注目されています。

かねてより、経済的指標とされているGDP（国内総生産）も高くなり、経済が発達・成熟し、物やサービスが満ちあふれるようになりました。

しかし豊かになって、本当に幸せになったでしょうか。経済が豊かになっても、幸せとは言い切れないのではないでしょうか。

そのため「物質的な豊かさ」ではなく、一人ひとりが「実感できる豊かさ」を重視していこうという動きが出てきたのです。GDPからGDW（国内総充実：Gross Domestic Well-being）の活用が検討されています。

では、一人ひとりが幸せに感じるにはどうしたらいいでしょうか。

学術的にも研究されていて、その方法を提示してくれる学問として「ポジティブ心理学」というものがあります。人がどうやって幸せになれるか、どうすればもっと良い人生を送れるかを研究する心理学の一分野です。

ポジティブ心理学からウェルビーイングを高めるための4つの方法をお伝えします。

①自分の強みを把握し、実践する。
②フローな状態、今あることに没頭する。
③ポジティブな感情を持つ。
④今を大切にする（マインドフルネスを実践する）。

それぞれの項目を詳しく見ていきます。

①自分の強みを把握し、実践する。

4章でご自身の強みを見つけていただきました。強みはその人のオリジナルなものです。**その人がその人であるための大切な要素**で、その人らしさの指標でもあります。強みを発揮することで人に喜んでもらえ、人の役にも立ちます。つまり自己肯定感や自己有用感が上がり、幸せになっていきます。

②フローな状態、今あることに没頭する。

フロー（英：flow）な状態は、スポーツ、アート、仕事、学習など、様々な活動で経験することができます。フローとは、「その時していることに浸り、集中して完全にのめり込んでいる状態」を言います。この状態になると、人は**高いパフォーマンスを発揮し、大きな満足感を得る**ことができます。

みなさんも仕事でプレゼンテーション資料を作成したり、何かものを作っている時に時間を忘れてしまったことはないでしょうか。この時、人は集中状態にあり、時間の感覚を失い、とても楽しんで行なうことができます。

フロー理論は、ミハイ・チクセントミハイという心理学者によって提唱され、幸福感や個人の成長において重要な要素とされています。

自分の仕事にも何か集中するところを作ることで、満足感を得ることができます。それが仕事全体の満足感につながるのです。

③ポジティブな感情を持つ。

ポジティブな感情を持つことは非常に重要です。ポジティブな感情は、単に気分が良いということ以上に、**人の幸福感、満足度、そして生活全体の質に大きく寄与**するからです。たとえば、以下のメリットがあります。

・幸福感や満足度が高まります。幸せを感じることは、人生の質を向上させる重要な要素です。
・人間関係が改善し、強化されます。他人に対してポジティブな態度を持つことで、より良い交流と深い絆を築くことができます。強みを活かし、職場風土を醸成したチームでは、そうでないチームより、メンバーの働く意欲が高まり、離職率が大幅に軽減したということも証明されています。

・心身の健康に良い影響を与えます。幸福感が高い人は、ストレスレベルが低く、健康状態が良好であるという報告もあります。また、NK細胞（ナチュラルキラー細胞）の増加をもたらし、免疫力が高まるという報告もあります。

・自己実現や個人の成長に役立ちます。ポジティブな状態は、新しいスキルを学び、新たな目標に向かって前進するための動機づけとなります。

・困難な状況から立ち直る能力、つまり「レジリエンス」を高めます。ポジティブな人は、逆境に直面してもより柔軟かつ効果的に対処する傾向があります。

こうしたメリットを享受するためには、1日を振り返り、意識的に良かったことを思い出し、できれば書き留めておくとよいでしょう。

④今を大切にする（マインドフルネスを実践する）。

マインドフルネスとは、「今この瞬間」に意識を集中させ、現在を受け入れている状態のことを言います。私たちは忙しい日常生活の中で過去の後悔や未来の心配に心が奪われがちです。そうすることで不安やストレスを増幅させています。こうした状態から抜け出すために、今、この瞬間に目を向けるのです。

具体的には、今現在に起こっていることや自分の感情、身体の感覚に注意を向けます。たとえば、呼吸に意識を集中し、聴こえてくる音に耳を澄ますことで心が落ち着いてきます。

「今を大切にする」とは、その瞬間に起こっていることにすべての感覚を開き、それを判断せず、**ただ受け入れる**ことを意味します。現在という唯一無二の時を価値あるものとしてとらえ、受け入れるのです。

ストレスや不安が軽減し心が落ち着き、幸せな気持ちを持つことができます。

マインドフルネスは、瞑想やヨガなど、様々な形で実践されていますが、日常生活の中でも意識的に「今」に焦点を当てることで、不思議に心が落ち着いてきます。

今を大切にするという気持ちは、今の仕事に対して後悔や不安に思う気持ちを取り除いてくれるのではないでしょうか。

ポジティブ心理学の4つの考え方を取り入れることで、今の仕事をウェルビーイングな状態に変えていってください。

41 定年後は「有難うの数」だけ、幸せになれる

これまで自分らしい仕事をするための考え方・方法を書いてきました。

その人に合った仕事、幸せと思う仕事は**「百人百様」**です。どの仕事が良いとか良くないかは人が決めるものではありません。自分が良いと思えばそれでいいのです。

しかし、どうしても人と比較して、もっといい仕事があると思ってしまうものです。

人間は弱いものです。実践しようと思ってもその時の気持ち、環境によって取り組めないで肩を落とすこともあると思います。そんな時にでも元気になれる考え方、幸せになれる考え方を最後にお伝えしたいと思います。

親切にしていただいた時には「ありがとう」「ありがとうございます」という言葉が思わず出ますよね。誕生日のプレゼントをもらったら「ありがとう」、何か手伝ってもらったら「ありがとう」。ごちそうされたら「ありがとう」という言葉が出ます。

漢字で書くと「有難う」。「有ることが難い」、**難しいのにしてもらえるから「有難う」**

という言葉なのでしょう。

世の中は誰一人として同じ人がいません。一人ひとりそれぞれ自分の考え方を持っています。そのような人たちが絡み合って生活をしているのです。

よくよく考えてみれば、生きていくのは結構難しいことなのかもしれません。

人それぞれ、いろいろな役割があることで世の中は成り立っていて、自分一人では今の生活は送れません。やはり有ることが難しいのです。

そう考えて周りを見渡してみると、まさに**有ることが難しいことだらけ**です。

おいしい夕食を作ろうとスーパーに買い物に行くと、野菜、肉、魚、冷凍食品、お酒、お菓子などであふれています。これも作ってくださる人や運んでくださる人がいるから買うことができます。

最近では、スマホやテレビで簡単に映画やアニメを楽しむことができます。これも関係者の方々がいるから見ることができます。

時間的観点からも「有難さ」を見ていきましょう。

今は、人間が住める環境が当たり前のように用意されています。だから、私たちは生きることができているのです。

長い地球の46億年の歴史を1年間に置き換えてみると、**人類誕生は12月31日午後11時37分**になります。まさに「紅白歌合戦」の優勝が紅組か白組かを集計しているころですね。1年の中で人類が生まれたのはつい最近になるのですね。

場所的な観点からも「有難さ」を見てみましょう。

宇宙には無数の銀河系と同じ環境の星があるそうです。そして今見えている星からの光は、星によっては何億年前に発した光らしいです。気が遠くなるほど広い宇宙のなかの一滴の大きさです。そこには悠久の時間が流れて、まさに今、酸素が存在しているので我々は生きることができています。まさに有難いと言えますね。

以前大学の医学部教授から「これだけ医学が発達しても、なぜ各臓器が休みなく動いているのか不思議だ」とお聞きしたことがあります。たしかに頼まれもしないのに何の不満も言わないで給与も要求しないで動いていることは、まさに有難いことです。

書道家の武田双雲《たけだそううん》さんは、ご自身のことを「感謝オタク」と仰っています。

ご家族でゲームのように感謝することを見つけて楽しんでいるそうです。

ファミレスに行ったら、「わお！　水が無料で出てきた（海外ではお金がいりますね）」「自動ドア、これはありがてー！」「呼び出しボタンを押せば店員さんが来てくれた！」など、ファミレスに行っただけで感動の嵐のようです。

たしかに**身の回りの便利なものは、過去の人たちの努力の結晶**で、我々はその便宜にあやかっています。有難いことは探そうと思えば無限に見つけることができます。

私も、頭の体操のように、身の回りのものに対し、これがここにくるまでにどのような人の手にかかっているか考えて楽しんでいます。

こうして考えることで、今の状態でも感謝できることはたくさんあり、感謝することで本当に幸せな気持ちになれるのではないでしょうか。

仕事についても同じだと思います。どんな仕事についていても感謝しようと探し出せば必ず見つかります。感謝することでウェルビーイングな状態になり、幸せな気持ちになれるのなら「有難う」、それは魔法の言葉と言えるでしょう。

もちろん自分の強みや得意なことを活かせる職場を見つける努力を続けることは大切です。

しかし今の仕事に感謝することを見つけていけば、**誰もがどんな時でもその時から幸せな気持ちになれる**と思います。

感謝することを見つけて、今を幸せに過ごしていきましょう。

巻末付録

シニアの強み100選

キーワード	説明
対人関係における強み	
会話力	わかりやすく、説得力のある話し方ができる。
傾聴力	相手の気持ちを考えて、真剣に話を聞ける。
アドバイス力	状況に応じて、的確なアドバイスができる。
主張力	自分の考えを忖度なく主張することができる。
紹介力	各人の強みとニーズを把握し、必要な人と人をつなげることができる。
ファシリテート（合意形成）	会社などの組織において、相互理解を促しながら合意形成と問題解決を促進する。
共感力	人の気持ちになって考え、感じることができる。
パーソナリティ力	人の個性を大切にする気持ちを持っている。
競争心	競争心が高く成果を出すことができる。
社交性	人とつき合うのが好きで、人を惹きつけ、味方にすることができる。
リーダーシップ	組織のビジョンを描き、方向性を定め、メンバーや組織を牽引する。
自己肯定感	自分を信じ、自分を肯定的に考えることができる。

きずな力	人を深く理解し、関わろうとする。
人脈力	人を大切にすることで、その人からの紹介を得ていく力。
説得力	人が納得できるように説明することができる。
協調性	違う意見や考え方を持つ人たちと協力しながら、同じ目標の達成に向けて行動できる。
包容力	相手の考えや価値観を理解し、受け入れることができる。
気配り力	小さなことにも気を遣うことができる。
応援力	人の活動をサポートし、プラスになるように働きかける。
育成力	人を育て、能力とやる気を上げることができる。
公平性	偏りや差別がなく、平等に接することができる。
調和	対立を避けて、同意点を探し、調整できる。
やる気喚起	人をその気にさせるのが上手い。
コミュニティ力	人をまとめて、小さなコミュニティを作れる。
物事に取り組む時の強み	
慎重、思慮深い	いろいろな側面から物事を考えることができる。
好奇心	いろいろなことに興味を持ち、そこから情報を得ようとする。
行動力	考えるだけにとどまらず、まずは動くことで物事が進展すると考える。

理想を追求	一つのことを達成しても、さらに良くなるように追求する。
自主性	人から言われて動くのでなく、自ら率先して考え、行動する。
責任感	自分に任されたことは、全うしようとする。
メンターシップ	自分の得た知識や経験を、惜しみなく後輩や次世代に伝えようとする。
考える力	もっと違う考え方があるのではないかと追求する。
自己受容	自分自身をありのまま受け入れることができる。
自己反省	定期的な自己反省を通じて、内面の理解を深める。
学習能力	過去を振り返り、そこから学ぶことができる。
ポジティブ思考	物事を良い面から見て、前向きに考えられる。
未来志向	今に執着するのでなく、未来は良くなるだろうと考えることができる。
向上心	より優れたもの、より高いものを目指して、努力を続けられる。
現状打破力	行き詰まりがあった時にも、力づくで乗り越えることができる。
決断力	複数の選択肢の中から、最善を選び、意思決定することができる。
改善力	より良い成果を出すために仕事のやり方を見直し、改善し続ける力。
回復力	困難な状況に陥った際に、気持ちを切り替えて、本来の自分の状態に戻すことができる。
やり抜く力（グリット）	挫折しても途中で投げ出すことなく、工夫しながら最後までやり抜くことができる。

健康管理力	健康な心身を保てるように、食事、運動、生活習慣を整えている。
自信 （自己効力感）	何らかの問題があってもやり遂げられるという自分の能力に対しての自信がある。
自制心	喜怒哀楽といった感情や行動をコントロールできる。
やる気 （内発的動機）	自分自身でモチベーションを引き出せる。
依頼する力	何事も自分一人でしようと思わず、自分が苦手なことは人の力を借りようとする。

課題解決における強み

課題発見力	現状から課題を発見できる。
課題解決力	課題に対し、最適な答えを見つけることができる。
未来予想力	今の出来事や情報から先を見通すことができる。
アンラーン力	すでに持っている知識や価値観などを破棄し思考をリセットできる。
目標設定力	達成したい具体的な成果を明確に定義し、それに向けて計画を立てることができる。
計画性	目標を実現するための段取りを立てられる。
目標達成力	目標を達成するまでのプロセスを明確に描くことができる。
分析力	集めた情報を整理して、新たな情報を得ることができる。
論理的 思考力	直感的・感覚的に物事を決めるのではなく、筋道を立てて考えることができる。
つながり 発見力	物事、出来事に関連性を見つけることができる。

アイデア発想力	人とはちょっと違った、ユニークな発想をすることができる。
情報収集力	必要な情報を集めたり、信頼性のある情報を見極めることができる。
優先順位	複数の項目から重要性・緊急性の視点で選択することができる。
一貫性	考え方や主張がぶれず、筋道が通っている。
バランス感覚	一方に偏ることなく双方、全体から見て考えることができる。
柔軟性	ルールや自身の考えに固執し過ぎることなく、状況に応じて適切な判断を下し、行動できる。
効率性	ムダを省いて、最短で進めるように考えることができる。
複線思考	一つのことにとらわれないで、同時進行で考え、行動することができる。
組み合わせ力	複数のものから、必要なものを組み合わせて、新しいものを作り出すことができる。
直観力	感覚的に答えを導き出す力がある。
客観性	物事を客観的に見て、冷静に判断することができる。
メタ認知能力	自分の思考や行動を、もう一人の自分が外から見ているように客観視できる。
応用力	日常の仕事から他で通用する普遍的な学びを得て、他の仕事に応用することができる。
リフレーミング	思い込みや固定観念を別の視点からとらえ直すことで、新しい見方ができる。
未来に必要とされる強み	
ウェルビーイング力	どんな状況においても、つねに幸福を感じる力。

デジタル技術	デジタル技術を受け入れ、駆使する。
一次情報力	現場で起こっている物事から情報を集め、判断することができる。
課題発見力	見つけにくく、表面化していない課題を発見することができる。
情報発信力	自分から情報を発信し、人や社会に貢献しようとする。
潜在ニーズ発見力	誰もが持っているが気づいていない、潜在ニーズを発見することができる。
未来志向	現状に引きずられることなく、未来のビジョンを考え描くことができる。
優先度設定力	何が最優先かを設定し、躊躇なく実行できる。
ビジネススキルとしての強み	
戦略的思考	事業の目的達成に必要な計画を立て、実行する能力。長期的な視点での意思決定を行なう。
予算管理	有限の資源を効率的に割り当て、コストをコントロールする技術。経済的な組織運営が可能に。
プロジェクト管理	目標達成のためのタスク、スケジュール、リソースを効果的に管理する能力。
ビジネスプランニング	事業の目的、戦略、実行計画を策定するスキル。企業の将来像を明確にする。
市場分析	市場の動向、顧客のニーズ、競合の状況を理解する能力。事業戦略の策定に役立つ。
財務分析	財務諸表を分析し、経営状態を評価する技術。健全な財務戦略の策定を支援する。
リスク管理	潜在的なリスクを特定、評価し、回避または最小化する戦略を立案する能力。
契約交渉	企業や個人間の契約において、最適な条件を追求するスキル。双方に利益のある契約を促進する。

パフォーマンス管理	従業員の業績を評価し、改善策を提案するスキル。組織の生産性向上に寄与する。
組織開発	組織の成長と効率性を促進するための戦略とプロセスを策定する能力。変化に強い組織文化を作る。
オペレーション管理	日常の業務プロセスを効率化し、生産性を向上させる技術。コスト削減とサービスの向上を実現。
品質管理	製品やサービスの品質を一貫して維持・向上させる体系的なプロセス。競争優位性を確保する。
生産性向上	労働効率を高め、より少ないリソースでより多くの成果を出す方法を見つけるスキル。
顧客関係管理（CRM）	顧客情報を効果的に管理し、顧客満足とロイヤリティを向上させる技術。長期的な顧客関係を築く。
営業戦略	市場の機会を最大限に活用し、売上を増加させる計画を立てる能力。効果的な販売アプローチを開発。
マーケティング戦略	商品やサービスを市場に効果的に紹介し、需要を創出する計画。ターゲット顧客にアピールする。
広告戦略	メディアを通じて製品やサービスの魅力を伝え、認知度を高める。消費者の購買意欲を刺激する。
プレゼンテーションスキル	アイデアや情報を視覚的、口頭的に魅力的に伝える能力。聴衆の注意を引き、理解を深める。
タイムマネジメント	時間を効率的に活用し、高い成果に結びつける。
外国語能力	外国語で聞き話し、そして読み書きできる。

※本書巻末に記載された QR コードから無料で入手できます。

シニアの仕事100選

キーワード	説明
資格を活用する	
行政書士	国や役所に提出する書類の作成や代理申請、相談業務を行なう。個人事務所を開く人が多い。
社会保険労務士	年齢層が高く、キャリアに関係なく開業できる。これまでの経験や知識を活かしやすい。
ファイナンシャルプランナー	お金に関する専門家。顧客のライフプランの設計や見直しの相談に乗ることなどが主な業務。
キャリアコンサルタント	職業選択や能力開発に関するアドバイスを行なう専門職。定年前後に取得する人が多い。
中小企業診断士	企業に成長戦略などのアドバイスを行なう。ビジネス上の知識・経験を活かしやすい。
産業カウンセラー	企業でメンタルヘルスなどの相談を受け、人間関係や職場環境が良化するように働きかける。
栄養士	企業、社会福祉施設、学校などで給食メニュー作成、調理、栄養管理を行なう。
調理師	レストラン、ホテル、個人施設などで調理技術と知識を用いておいしい料理を作る。
看護師	嘱託職員、アルバイト、クリニック、健診センター、保育園、介護施設、訪問看護などがある。
保育士 / 保育補助	学校に行かなくても受験可能。資格がなくても保育補助として働ける。朝と夕方のニーズが高い。
学童保育指導員	子どもと一緒に遊べる人には向いている。得意な遊びがあると馴染みやすい。
図書館司書	図書館で本の発注、分類、貸出業務などを行なう。本好きで知的好奇心が旺盛な人に向いている。

現在シニアが従事している仕事	
事務職	地域の中小企業の事務作業を行なう。契約社員、派遣社員、アルバイトの形態がある。
医療事務	病院や診療所等で、受付、会計、請求業務を行なう。労働時間、場所を選択できる。
販売店員	家電量販店や様々な販売店の販売活動を行なう。営業に携わってきた人に向いている。
工場・倉庫軽作業スタッフ	倉庫や工場などで荷物を運んで、仕分けや梱包などをする。単純作業が好きな人に向いている。
清掃員	ビルや施設の清掃を行なう。年齢制限はなく、人材不足なので求人は多い。体力が必要。
飲食店スタッフ / オーナー	退職後こじんまりとした居酒屋を経営するケースが多い。またはスタッフとしてシフトに入る。
ファストフード店員 / オーナー	マクドナルドやモスバーガーなどで短時間働く。シニアに対する配慮がある。マニュアルがあり安心。
コンビニ店員 / オーナー	コンビニエンスストアで希望時間で働く。自ら経営する場合もある。マニュアルがあるので安心。
調理補助	食堂や料理店の調理補助や店内の清掃、食器洗いを担当する。求人は多い。
移動キッチンカー店	1tトラック等を改造した車で食事を提供する。保健所での登録が必要。
タクシードライバー	最も多い年齢層は 70 ～ 74 歳で、平均年齢は 60 歳。1 人勤務なので人間関係のストレスは低い。
送迎バス、スクールバスドライバー	幼稚園・保育園へのバスの送迎業務。乗車定員によって中型 2 種、大型 2 種の免許が必要。
介護ドライバー	自宅と施設間の送迎、車の清掃や安全点検をする。日中は施設内の事務作業や清掃を行なう。
警備員	交通誘導・交通整備、工事現場の誘導、イベント会場でのお客・人の誘導業務が多い。
老人ホームの生活指導員	老人ホームや介護施設の生活指導職員として働く。

保険代理店	保険代理店の契約社員、アルバイトとして働く。
企業顧問	会社の経営的なアドバイスをする。前職の人脈を活かせる。紹介や顧問サイトに登録する。
企業コンサルタント	長年の業界知識、スキル、経験をもとに、企業に助言をする。人脈を問題解決や事業創出に活用。
個人コンサルタント	個人の仕事、生き方、生活についてアドバイスを提供し、問題解決をサポートする。
マンション・寮の管理人	マンション、施設の日常的な管理やメンテナンス、住人の対応、掃除、荷物の受け取りなどを行なう。
家庭教師	受験生に対し特定の科目を教える。紹介や塾組織からの紹介がある。
スクール講師	プログラミング教室や音楽教室などでインストラクターや講師として働く。趣味や経験を活かせる。
造園・植木職人	庭の剪定やデザインを行なう。シルバー人材センターからの紹介が多い。人気職種の一つ。
コールセンタースタッフ	テレフォンオペレーター、カスタマーサポート・テクニカルサポートなどを担当。未経験も可。
スーパー・ホームセンタースタッフ	スーパーマーケットやホームセンターの契約社員、アルバイトとして働く。

今後ニーズが高くなる仕事（推定）

会計年度任用職員	都庁、県庁、区役所、市役所などの公共施設で、会計年度任用職員として働く。年齢制限なし。
業務委託契約としての個人事業主	勤務先で行なっていた仕事を、業務委託契約に変更し、個人事業主として行なう。
同業界への再就職	長年携わってきた仕事の知識、スキル、経験を活かし、同じ業界の会社に転職する。
自治体のマッチング企画に参画	自治体が企画している、シニア社員と中小企業とのマッチングプロジェクトに参画する。
インターンシップ先に就職	シニアと中小企業のマッチングのための「インターンシップ」を通じて就職する。

産官学連携先での技術者	自分の専門性が活かせる「産官学連携プロジェクト」に参画する。
ChatGPT 活用アドバイザー	定年後に個人事業主として働く際、生成 AI が秘書代わりになる。今後ニーズが確実に高まる。
男性料理教室の講師	超高齢社会では男性の自活が必要とされる。今後、料理を教える講師の需要は高まる。
マンションコンシェルジュ	高級マンションに設置され、入居者の方が快適に過ごせるように、総合的なサービスを担う。
日本語教師	学校や企業からの依頼で外国人に日本語を教える。海外に赴任して教えることもある。
セミナー講師	特定の専門知識を持ち、それをセミナーやワークショップで教える。
カフェ経営者	自宅の一部や古民家などを改修し、低予算で自分のスタイルを大切にしたカフェを開く。
移住地で民宿経営（ADDress）	移住して、全国にある「ADDress」という宿泊所の管理人になり経営する。
マンション経営	マンションを賃貸物件として運用する。
家事代行	夫婦共働き世帯や多忙な方に代わり家事（料理、洗濯、掃除）を代行。近年需要が高まっている。
代行業（買い物、病院付き添い等）	シニアを対象に買い物を代行、病院などの付き添い等、日常生活をサポートする。
高齢者移動サポート	1 人で移動できない高齢者に随伴して移動する。駅へのお見送り、お出迎えも行なう。
パーソナルシェフ	ホームパーティーやイベントなどで、個人シェフとして料理を企画、提供する。
全国通訳案内士	報酬を得て、通訳案内を行なう仕事。国家試験に合格した後、都道府県に登録される。
地域観光ガイド	地域の魅力を紹介する仕事。地元の歴史や文化に精通し、人と接することが好きな方に向いている。
シニア海外ボランティア	JICA 海外協力隊として自分の知識、技術、経験を海外で活かせる。69 歳まで応募できる。

スキルシェア	オンラインサイトで Web 関連制作、資料作成等の代行作業を募集して実施する。
オンラインセミナー講師	オンラインサイト（ストアカ）に自分の教室を作り指導。実際に会って教えることも可能。
マニュアル販売	オンラインサイト上で、自分が持っているノウハウ、コンテンツを資料、マニュアルとして販売。
製作物販売	オンラインサイトに自分の店を作り、そこでアクセサリー、手作り品等を販売する。
スポットコンサル	オンラインサイト（ビザスク等）に掲載されている企業からの相談やモニター案件などに応える。
パーソナルコーチング	個人の目標達成を支援。相手の話や気持ちを聞きながら、自ら答えを出すように支援する。
作家／執筆業	自分の専門分野での知識・考え方を多くの人にアウトプットすることで、個人と社会に貢献する。
フリーランスライター	オンラインメディアや出版社から依頼を受け執筆する。自宅で柔軟に働け、専門知識を活用できる。
俳優／テレビ・映画エキストラ	俳優養成教室やオーディションを経て、テレビのエキストラや再現映像の役者などを演ずる。
ファッションコンサルタント	シニアの体形、健康状態、趣向に合わせて、ファッションを提案する。
老人施設インストラクター	介護施設等でレクリエーションを指導する。
スポーツインストラクター	ヨガなど自分が好きで得意なスポーツを教える。長年培ってきた知識と経験を活かせる。
カメラマン	自ら培った技術とセンスを活用し、記念写真やプロフィール写真、遺影写真などの撮影をする。
サブスクアドバイザー	あらゆるサブスクリプションの中から、個人のライフスタイルと嗜好に合ったものを提案する。
写真アルバム編集	シニア世代が持っている写真アルバムをデジタル仕様に作り替え、編集する仕事。
動画編集スタッフ	個人や企業が動画をビジネスに使う機会が増加。動画編集スキルがあれば請け負うことは可能。

地域おこし協力隊	地方が募集している地域おこしのプロジェクトに参画し、地域に貢献する。
NPO 法人活動	社会的貢献のための活動を法人として行なう。活動維持のために利益を生み出し、報酬も得る。
個人投資家	今まで蓄えてきた資産をベースに、株式投資、不動産管理などで資産運用、管理を行なう。
在宅テレマーケティング	電話を使って商品やサービスを宣伝、販売する仕事。在宅勤務が可能。
介護職員	主に高齢者や障害者の身体介護、生活支援を行なう。在宅で訪問介護を行なうこともある。
ペットシッター / ドッグウォーカー	ペットの世話を請け負う仕事。増加するペットの飼い主が留守の間、散歩や給餌などを行なう。
Web デザイナー	技術トレーニングを少し受ければ、ウェブサイトの設計が可能。
サンタマッチング経営	シニアの財産の一部を、貧困や進学問題で困っている人に役立てるようマッチングさせる。
バーチャルアシスタント	企業や個人から依頼される事務作業を遠隔地からサポート。受付や秘書としての電話対応もある。
趣味教室講師・インストラクター	料理、写真、パソコン操作、運動、ヨガなど、特定のスキルを教える。得意で好きなことが仕事に。
インバウンド観光ガイド	増加する外国人観光客向けに、オリジナルの観光ツアーを企画・案内するガイド業務。
農業補助・援農 / 経営	農家の方をサポートしたり、自分が農業経営を行なう。農業体験やインターンシップも活用する。
リモートサポートスタッフ	顧客に IT 操作サポートや技術的なサポートを遠隔で提供する。在宅勤務が可能。
退職後のキャリアコーチ	退職を迎えた人々が新たなキャリア、仕事を見つけるための支援やコーチングを提供する。
デジタル操作トレーナー	高齢者に対して、コンピューターやスマホ、インターネットの基本的な使い方を教える仕事。
ドローン操縦士	ドローンを使って動画撮影、測量、建築物の点検等を行なう。適切な学びと現場練習が必要。

オンラインコミュニティ運営	高齢者がオンラインで交流や情報共有を行なえるプラットフォームを運営。
健康情報プラットフォーム運営	高齢者の健康維持や病気予防に役立つ情報を提供するオンラインプラットフォームを運営。
昔遊び継承者	江戸時代から昭和時代にかけての「子ども遊び」を、時代に合った形で継承していく。
レガシービデオ制作	個人の生涯や家族の物語を映像に記録し、後世に伝えるためのビデオを制作する仕事。
デジタル遺品整理サービス	遺品をデジタル化し、思い出として振り返ることができるように商品化する。
ライフストーリーインタビュアー	個人の人生経験や思い出についてインタビューし、それを記録や出版物としてまとめる仕事。
電子書籍出版コンサルタント	高齢者が自分の経験や知識を電子書籍として出版できるように支援する仕事。
空き家マッチングサービス	日本全国の空き家を探し、不動産や利用者に情報提供する。空き家問題を行政とも連携し解決する。
家事代行サービス経営	高齢者の日常の家事を代行し、快適な生活をサポートするサービスを運営する仕事。
お一人様向けイベント企画	今後増加するお一人様に向けて、イベント、セミナー、サロンなど各種サービスを企画、運用する。

※記載の仕事は一部です。

※次ページに記載されたQRコードから無料で入手できます。

「読者限定無料プレゼント」のご案内

本書をお読みいただき、ありがとうございました。
読者のみなさまに、本書で紹介したシートや表を
無料でプレゼントいたします。

◎キャリア棚卸&発見シート（139 ページ）
◎経験の振り返りシート……（142、143 ページ）
◎強み組み合わせ & 仕事発見シート……（153、155 ページ）
◎収支一覧表……（175 ページ）
◎シニアの強み100選（240 ～ 246 ページ）
◎シニアの仕事100選（247 ～ 253 ページ）

この QR コードをお読みいただければ、
プレゼントを無料で入手できます。

※本書で紹介した内容は、2024 年 4 月現在のものです。
※本書に記載した団体、サービス、URL 等が予告なく変更されることがあります。
あらかじめご了承ください。

本書は、本文庫のために書き下ろされたものです。

高橋伸典（たかはし・のぶのり）

セカンドキャリアコンサルタント、モチベーション総合研究所代表。一九五七年、兵庫県生まれ。同志社大学を卒業後、三四年間製薬会社で営業、人事、社員教育を担当。五七歳で早期退職し再就職をするも、多くの苦労を経験。試行錯誤を重ねた結果、自分の強みを活かして独立。研修講師として、定年活動、セカンドキャリアのサポートを行ない、これまで五〇〇〇人の受講者の行動変容につなげてきた。東京都はじめ自治体、企業でのセミナー・研修参加者から高い評価を得ている。「東京定年男女の会」主宰。全国のシニアに向け、定年活動に役立つ情報を発信し続けている。

著書に、『定年1年目の教科書』（日本能率協会マネジメントセンター）がある。

公式サイト

https://www.takahashinobunori.com/

知的生きかた文庫

定年後《ていねんご》　自分《じぶん》らしく働《はたら》く41の方法《ほうほう》

著　者　高橋伸典《たかはしのぶのり》

発行者　押鐘太陽

発行所　株式会社三笠書房

〒一〇二―〇〇七二　東京都千代田区飯田橋三―三―一

電話〇三―五二二六―五七三四〈営業部〉

〇三―五二二六―五七三一〈編集部〉

https://www.mikasashobo.co.jp

印刷　誠宏印刷

製本　若林製本工場

ISBN978-4-8379-8878-6 C0130

知的生きかた文庫

人生うまくいく人の感情リセット術

樺沢紫苑

この1冊で、世の中の「悩みの9割」が解決できる！　大人気の精神科医が教える、心がみるみる前向きになり、一瞬で「気持ち」を変えられる法。

仕事も人間関係もうまくいく放っておく力

枡野俊明

いちいち気にしない。反応しない。関わらない——。わずらわしいことを最小限に抑えて、人生をより楽しく、快適に、健やかに生きるための、99のヒント。

心配事の9割は起こらない

枡野俊明

余計な悩みを抱えないように、他人の価値観に振り回されないように、無駄なものをそぎ落として、限りなくシンプルに生きる——禅が教えてくれる、48のこと。

体がよみがえる「長寿食」

藤田紘一郎

〝腸健康法〟の第一人者、書き下ろし！　年代によって体質は変わります。自分に合った食べ方をしながら「長寿遺伝子」を目覚めさせる食品を賢く摂る方法。

疲れない体をつくる免疫力

安保徹

免疫学の世界的権威・安保徹先生が、「疲れない体」をつくる生活習慣をわかりやすく解説。ちょっとした工夫で、免疫力が高まり、「病気にならない体」が手に入る！

C50487